reinhardt

111 Geschichten

BaSLER MITTwOCH gESELLsCHaFT

reinhardt

Wir danken für die namhafte
Unterstützung unseres
Projektes insbesondere

Basler Kantonalbank

Schreinerei Ringli AG

weitere Sponsoren und Gönner
sind im Nachwort verdankt

Inhalt

Vorwort   **Seite 9**

Chronik 1907–1957   **ab Seite 11**
1 Tiro federale in Bellinzona | **2** Im Lohnhof | **3** D Larve-Aabroob | **4** Das waren noch Zeiten … | **5** Wenn und worum bin y in d Mittwuchgsellschaft ko | **6** D Wildsau | **7** Am Spalentor | **8** Sujet: d Kaugummisüchi | **9** Wo mir in dr Junge Garde an dr Fasnacht e Liferigswage vorem «Zorn» aaghalte hän | **10** Em Pauli sy Requisit | **11** Me kaa si au stregge | **12** Am Fasnachtszyschtig simmer zwääg … | **13** Die Tänzerin | **14** Un kilomètre à pied … | **15** Gastfreundschaft | **16** Die Wurstnase

Chronik 1958–1967   **ab Seite 31**
17 Määlsubbe und Zibelewäije z Mailand | **18** Fascht e Hochzyt | **19** Die gefütterten Schuhe | **20** E verruggti Gschicht | **21** Kleinbasler Hofreitschule | **22** E Bierkollaps no em Wettstaimarsch | **23** Vollbad im Stadthof | **24** Ribeauvillé | **25** Im Schlüssel | **26** E Duell vo zwai Charmeur | **27** Dr Basler Daag an dr Expo 64 in Lausanne | **28** Der Cliquenkünstler | **29** My erschti Ladärne, wo y gmoolt ha | **30** Die Uhr | **31** Die Frikadelle

Chronik 1968–1982   **ab Seite 51**
32 Dr Tambourmajor vom Stamm loot mi wie e Zauberer verschwinde | **33** An ere Sujetsitzig | **34** Unterwegs zum Schützenfest in Thun | **35** Der Pyjama-Express | **36** Immer für eine Überraschung gut | **37** Von Pinseln und Rockernieten | **38** Der Wagen |

39 Das Goschdym | **40** Mineralwasser im Sonderangebot | **41** Die Heimreise | **42** Bringen Sie den Schnaps | **43** Der erste Morgestraich | **44** S Kameel | **45** Napoléon | **46** Der Stadtfest-Bierschock | **47** Calvados rezeptfrei! | **48** Schritte im Dunkeln | **49** Schwarzmaler | **50** Streiche, Streiche und ein bisschen trommeln | **51** Gsait isch gsait | **52** Achtung! Feuer frei! | **53** Die Birs | **54** Der Film | **55** Rollmops und Damoklesschwert | **56** Ohne Hosen im Frauenkloster | **57** Feuerschein und Regenguss | **58** Wer andern eine … | **59** Zähner-Schnäpsli | **60** Rache ist süss! | **61** «Ihr Arschlöcher!» | **62** Wenn s Fasnachtsfieber «brennt» | **63** Der Düsenfäger

Chronik 1983–2007   **ab Seite 95**
64 Die Registrierkasse | **65** Der Bus | **66** Binche | **67** Das 120er-Fest | **68** Der Instruktor | **69** Dr Mönch in dr Brötlibar | **70** Paul Brülhart und die Handorgel | **71** Schaumschlägerei | **72** Von Eiern und Caramelköpfli | **73** Die hetts begriffe! | **74** Fêtes de Genève | **75** Der Bummel | **76** «Michi, ghörsch mi?» | **77** Suboptimal majoran | **78** Stans | **79** Eidgenössisches Schützenfest in Chur 1985 | **80** Trommelpauke | **81** Dasch Buebezyyg! | **82** E Birschteli am lätze Ort | **83** Gesichtsverlust I | **84** Frau Sieger | **85** In München | **86** Das «Obligatorische» im Festzelt | **87** Im «Roten Kater» | **88** Stuck aux légumes | **89** Flammende Begeisterung | **90** Die Atomuhr I | **91** Die Atomuhr II | **92** Ein Absturz mit Folgen | **93** Faschtnacht English Style | **94** Chicken Food | **95** Aldi et Obi | **96** Blechmajor | **97** Die Girls | **98** Jubelreise | **99** Winke, winke, Stinkefinger!

Chronik 2008–2018 ab Seite 141

100 Aufregung am «Intärne» | **101** Gesichtsverlust II | **102** Potz Pulverdampf und Pistolenrauch | **103** Der Papst | **104** Alles erstungge und erlooge | **105** Cannstatter Wasn | **106** Frisch gestrichen! | **107** Der Tonsäulenstabilisator | **108** BMG goes 5th Avenue | **109** Newark | **110** Es schneielet, es beielet – «Rumms!» | **111** Die Terroristen

Nachwort 154–155

Illustrationen 156

Vorwort

Vereine haben die Gewohnheit entwickelt, jeweils zu ihrem Jubiläum ein Buch zu publizieren, das aber selten ein Publikum über den Rand des Mitgliederkreises interessiert und anspricht. Für uns war es deshalb von Anfang an klar, dass wir nur dann ein Buch herausbringen, wenn wir etwas Neues zu erzählen haben und ein Lesepublikum auch ausserhalb der Basler Mittwoch-Gesellschaft 1907 ansprechen. Und wir haben etwas Neues zu erzählen, und wie! Schon lange geistert die Idee in unseren Köpfen herum, endlich einmal die vielen Stammtischgeschichten und Anekdoten schriftlich festzuhalten und damit der Nachwelt zu erhalten. Es handelt sich um ein Stück Basler Zeitgeschichte, das sich im Wandel der Gesellschaft spiegelt. Es sind die Geschichten zwischen, über und hinter den Mitgliedern der ältesten Basler Männerclique, die mündlich tradiert von Generation zu Generation weitergegeben werden und sich wie ein roter Faden durch das Leben ziehen. Die Erzählungen vermögen die Leserschaft zu begeistern, zu unterhalten und sich manchmal in den Geschichten wiedererkennen zu lassen – das gilt nicht nur für die Mitglieder der BMG.
Was eignet sich als Anlass besser dazu, als das 111-jährige Bestehen der Basler Mittwoch-Gesellschaft 1907 zu nutzen, die 111 besten Geschichten zu publizieren und einer interessierten Öffentlichkeit zugänglich zu machen und daran teilhaben zu lassen. Es sind 111 BMG-Geschichten, die als Bettmimpfeli der Leserschaft die Wartezeit auf die nächste Fasnacht verkürzen oder zwischendurch einmal den Tag versüssen werden. Wir wünschen viel Lesespass!

Basler Mittwoch-Gesellschaft 1907
Basel, im Sommer 2018

Chronik
1907–1957

Die Entstehung der Basler Mittwoch-Gesellschaft 1907 fällt in eine Zeit, in der die Fasnacht noch nicht so allgegenwärtig war wie heute. Entstanden sind die Cliquen aus Sport- und Quartiervereinen oder durch die Abspaltung und Neugründungen, wie auch bei der BMG, die von sieben Tambouren gegründet wird. Die ersten Protokolle muten etwas steif an, der Vorstand siezt sich an den Sitzungen, diskutiert, ob Tambouren, die an fremden Anlässen teilnehmen, ausgeschlossen werden, und ob Pfeifer auch ein Stimmrecht in der Clique erhalten sollen.
Alles ist ziemlich einfach gehalten, Kostüme bestehen aus alten oder verkehrt getragenen Kleidern, gespielt werden Ordonnanzmärsche und um 22 Uhr ist wegen der polizeilich überwachten Nachtruhe Schluss. Es gibt bereits einen Cortège, Fasnachtszüge und Sujets, die an Bissigkeit und Aktualität nichts zu wünschen übrig lassen. Kaum entstanden, eröffnet die BMG eine Trommelschule und entwickelt eine eigene Notenschrift. Als erste und einzige Clique unternimmt sie ab Mitte der 1920er-Jahre einen Umgang am Dienstag. Die Fasnacht ist in jener Zeit noch kein gesellschaftliches Phänomen, Schulferien gibt es keine und arbeitsfrei zu erhalten muss vom Arbeitgeber erstritten werden, sofern man nicht selbst Patron ist. 1922 erwirbt sie die alten Uniformen der Basler Standestruppe, der Stänzler. Mit den beiden Weltkriegen fallen zwei starke Zäsuren in die ersten 50 Jahre der BMG, in der die Fasnacht fast komplett ausgesetzt wurde. Ab 1945 und mit dem einsetzenden Wirtschaftswachstum beginnt auch die BMG zu expandieren.

1
Tiro federale in Bellinzona

Im Juli 1929 gings «tambour battant» ab Löwenzorn zum Centralbahnhof, wo unser Zug um 23 Uhr wegrollte. In der lauen Sommernacht blieben die Fenster offen und so sauste ausgerechnet im Gotthard-Tunnel ein Tschakko aus dem Zug. Doch schon am frühen Morgen zum Festbeginn war dieser dank der Aufmerksamkeit eines Bahnwächters unbeschädigt wieder zur Stelle. Etwas ungewohnt marschierten die Stänzler morgens um drei Uhr in loser Formation zum Kantonnementsbezug in die Linoleumfabrik Giubiasco, wo wir dann jeweils während drei Nächten die müden, verschwitzten Glieder auf Strohsäcken ausruhten. Unseren diversen Umzügen in der heimeligen Altstadt von Bellinzona ritt jeweils hoch zu Ross ein schmucker und sehr gewichtiger «Kostüm Kaiser»-Offizier voran. Infolge eines kurzen Tessiner Regengüssleins übernahm später sein Hemd die dunkelblaue Farbe seines Waffenrocks.
Dank einer befreundeten Stadtprominenz gelangten wir, natürlich immer in den Stänzlern, an einem der ereignisreichen Tage auch auf das Castello «Schwyz», wo sich die Jüngeren im Kreise anmutiger Trachtenmädchen den quälenden Durst mit Mandarinen-Limonade und die trinkfesteren natürlich mit dem heute auch nur noch privat erhältlichen «Nostrani» löschten. Der etwas reichliche Genuss dieses Rotweins hatte es in sich, dass gewisse Tambouren am Morgen nach dem kurzen Schlaf mit richtig blauen Köpfen aus der Wolldecke guckten. Daher offensichtlich die Bezeichnung «blau» für betrunken.

2
Im Lohnhof

In den 1930er-Jahren hatte die BMG das Sujet «Frauenzentrale Speiserstrasse», bei dem es um ein Haus für alleinstehende Frauen ging. Die Laterne zeigte jene Damen wohl etwas zu freizügig, weshalb die Polizei nach dem Morgestraich vor dem Löwenzorn wartete und die Laterne wegen Pornografie beanstandete. Kurzerhand wurde sie vor Ort verhaftet und von der Polizei in den nahegelegenen Lohnhof geleitet, in welchem damals noch das Untersuchungsgefängnis untergebracht war. Der Laternenmaler wurde geholt und er musste die beanstandeten Stellen mit einer dunklen Farbe übermalen. Danach durfte sie wieder mitgenommen werden und am Cortège teilnehmen.
Allerdings hatte der Laternenmaler eine dunkelbraune Farbe genommen, die die Figuren nicht nur abdeckte, sondern, wenn die Laterne von innen beleuchtet wurde, noch stärker zur Geltung brachte. Somit konnte die polizeiliche Anordnung unterlaufen werden. Allerdings kam die Polizei während der Fasnacht noch zweimal vorbei, um zu kontrollieren, ob nun alles in Ordnung sei. Der geschickten Hand des Laternenchefs war es jedoch zu verdanken, dass dummerweise immer in diesen Momenten das Gas ausging und somit vom Geheimnis, das in der Laterne steckte, nichts mehr zu sehen war.
Nach der Fasnacht fand dann noch ein Strafverfahren statt, doch wurde die BMG dort freigesprochen.

3
D Larve-Aabroob

Der Fongs Magne isch e Larvemacher gsi, wo vyl Joor vor em Zwaite Wältgrieg d Larve vo der BMG gmacht het. Är het au in de dryssger Joor mänggi Ladärne vo de Junge gmoolt. An der Fasnacht 1932 het der Stamm d Ruuschgiftaffäre in der Santihans-Vorschtadt uusgschpilt. Der Dambuurmajor isch d Giftschlange gsi. Der Fongs het dä Kopf baut, und der Fritz Fehrebach sen. het en amen Oobe welle go aabrobiere. Der Fongs steggt im Fritz die Kartonreere vom Hals iber der Kopf zem aazaichne, won är muess uusschnyde, fir dass der Fritz kennt uuseluege.

Der Fritz wartet und wartet mit däre Reeren uff em Hals, und wartet geduldig, bis der Fongs ändlig aafoot. Dä foot aber gar nit ebben aa. Noch ere gwisse Zyt isch es im Fritz doch emool z dumm worde. Är ziet sy Kopf ab und findet der Fongs, wien är uff em Stuel näbedraa säälig yygschloofen isch …

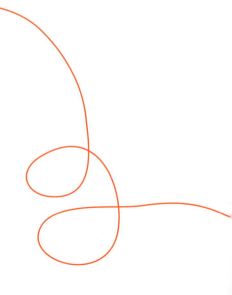

4
Das waren noch Zeiten ...

Werner Gallusser, späterer Mitbegründer der Gundeli-Clique, erinnert sich an seine Zeit in der Jungen Garde der BMG:
Eindrücklich war für mich aus dem Gundeli schon das Stammlokal der BMG, der Löwenzorn am Gemsberg, mit seinem altprächtigen Holzinterieur gewesen. Die Trommelschule fand im Intarsiensaal im 1. Stock statt. Mein Trommellehrer Herr Jundt klopfte mit seinen exakten lauten Schlägen im Laufe der Zeit eine zünftige Schlagmulde in die harte Tischplatte hinein, für mich der Beweis einer überzeugenden Schlagtechnik; derweil ich auf den Filzböckli üben durfte. Wirbel, Fünfer- und Neunerrufe, Bataflafla, Dupfen und Schlepp begannen zu rollen. Ich war besessen von der Magie der Basler Tagwacht, die mir die Grossen vorzelebrierten. Auch der Marsch «Ysebähnli», der uns Papa Wintzer (Anm.: Trommellehrer und Autor der Hieroglyphen) demonstrierte, war für uns Ansporn zum Üben. Gross war deshalb meine Freude, dass ich an der Fasnacht 1939 bei der Jungen Garde mittrommeln durfte. Allerdings wusste ich als trommelbegeisterter Neubasler nicht, was man unter Charivari versteht und so erschien ich denn am frühen Morgestraichmorgen im Löwenzorn im vollen Cliquenkostüm! Gelächter allerseits: «Du sollst doch im Charivari kommen!» Ich?? Flink wurde ich umgezogen und trug dann irgendeinen Rock und eine Kopflaternenlarve, d.h. einen Strohhut mit grünen Basthaaren – eben Charivari!
Nach der Fasnacht 1939 ging die Junge Garde auf den Bummel ins Neubad. Dabei blieb mir die prophetische Warnung des Trommellehrers Wintzer (in Huningue wohnhaft) in dunkler Erinnerung: «Buebe, es gitt Grieg statt Fasnacht!» Er sollte leider recht behalten. So empfing ich in der Obhut der BMG meine ersten Lektionen in «Fasnachtskunde» und «erlebter Regio».

5
**Wenn und worum
bin y in d Mittwuchgsellschaft ko**

Wie ganz vyl anderi au bin y z Basel im Frauespital vom Storch abgee worde und denn in Rieche zmittst im Dorf hinter dr alte Kirche uffgwaggse. Das isch anno 1940 gsi und dr Krieg het no tobt bis 1945. Z Nacht han y amme e langaduurends dumpfs Brumme vo de Bomber ghört wo in dr Luft gsi sin. Als glaine Stumpe mag y mi au an d Zyt nonem Krieg bsinne, wo im Dorf no Fasnachtsbetriib gsi isch. Me isch goschtümiert in d Baize und es het Massggebäll gä. Am Daag sin d Kinder ummenanderzooge mit aifache Lärvli und in irgend eme alte z grosse Klaid, Rogg oder Schurz. Das het öbbis heerlig grotesks gha. So bin y au mit myne beide eltere Brieder mit eme Leiterwägeli ummezooge. Das Wägeli isch mit Gipserlyschtli und Bapyr bespannt worde und dr Fründ vo mym ältschte Brueder, dr Werni het tolli Sujets usem aggtuelle Dorfläbe druffgmoolt gha. In däm ringsum ypaggte und bemoolte Wägeli bin y als öbbe 5-jährige Gneggis ghoggt und ha uff ere alte Drummle drummlet. Me het mi also nit gseh, s het aifach e Böbbelerey uuse döönt. Y ha nur ins Inneri vom Wägeli oder uffe in Himmel gseh und wenn y s Gfühl gha ha, mr syge us dr bewohnte Gegend dusse, han y gruefe: Kan y uffhöre? Y ha doch nit numme welle für d Bäum drummle. By uns im Eschtrig isch die alti Drummle vom Turnverein Rieche yglageret gsi und uf dere han y immer wider emol im Eschtrig improvisiert drummlet, eso wie das glaini Buebe au hüt no mache.
Anno 1948 ischs denn so wyt gsi, do han y an dr Dramhaltschtell Rieche-Dorf dr Nöldi Scherteleib gseh, wie är im Goschtüm mit dr Drummle und dr Larve uff s Dram für in d Stadt gwartet het. Y bi wie elektrisiert gsi. Dr Nöldi isch öbbe 3 Joor elter gsi wie ich und het in dr Junge Garde vonere Basler Clique mitgmacht. Alles het mi fasziniert an em, am maischte aber d Larve, wo als Nase e Nussgipfel gha het. Y hanen gfrogt, in weler Clique ass er drummle duet, denn het

er gsait in dr Mittwuchgsellschaft. Drno han y zuenem gsait: dört aane möcht y goo, go lehre drummle. Also absolut usschlaggäbend isch die Nussgipfelnase gsi. Dass me sich im Reschtorant Löwezorn am Gämsbärg no dr Fasnacht amene bestimmte Daag by dr Mittwuchgsellschaft ka amälde han y au no vonem vernoh. My Mueter isch denn mit mir in dä Löwezorn. Das isch für mi e ganz grosse Momänt gsi. Scho won y in d Wirtsstube ynekoo bi und an däm Stammdisch e Huffe qualmendi Heere unterere Drummel-Stammdischladärne äng zämme sitzend gseh ha, ha y vo däm Bild e gwaltige Ydrugg bis hüt bhalte. Y main, ass me denn ins Pfyfferzimmer uffe isch und dört hän mi e paar Heere vo wyt obe abe aagluegt und dr Aint het denn gsait: «Joo, bisch no e bitz z glai, muesch no e Joor warte, drampsch jo uff e Tragrieme, (y ha denn nonig gwüsst was e Tragrieme isch) kasch aber pfyffe lehre.»
Also pfyffe isch für mi überhaupt nit in Frag ko. Y bi denn mit mynere Mueter enttüscht abzottlet, zrugg no Rieche und mr hän noneme unändlig lange Joor wider e Alauf in Löwezorn zem 2. Versuech aadrätte. Y bi nit vyl grösser gsi als vorem Joor, aber si hän my denn gottseidangg doch no uffgnoo.

6
D Wildsau

Emool in der Vorfärnseezyt sinn amme Samschtig e ganz e Huffe BMGler mit ihre Frauen und Schätz am Stamm im Laiezorn gsässe. Me het scho rächt vyl Bier drungge ghaa, won e baar Männer uff en Aabee gange sin. Der Wirt het als fir syni Wildschpezialiteeten e ganzi Wildsau vomene Jeeger kauft. E sone Wildsau isch an sällem Samschtig grad abglieferet worden und het im Gang am Bode gwartet, bis si ebber in d Kuchi bringt. Wo die BMGler wider in d Wirtschaft zrugg wänn, seet ain die Wildsau und kunnt uff d Idee, me kennt si in d Dametoilette setze. – Und scho hoggt si uff der Schissle!
E gwissi Zyt speeter sotten au d Fraue uff s Hysli. Si geen, wies so isch, e baar zämmen uuse. Uff aimool gheert men in der Baiz e vylschtimmige, lutte Gyx, wo dur alli Dire dure drunge isch. E Hampfle Männer luege sich mit verschmitzten Augen aa – und hole denn die Sau wider uus der Toilette. Eb sich an däm Oobe none Frau uff d Schissle gsetzt het, waiss me nit!

7
Am Spalentor

Nach einem feuchtfröhlichen Stammtisch an einem Mittwoch – oder war es ein Samstag? – überkam unseren Otti beim Spalentor weit nach Mitternacht die Lust, auf die Zinnen des Vortores zu klettern. Am Blitzableiter kam er verhältnismässig gut hinauf. Oben angekommen, verspürte er einen unwiderstehlichen Drang – Kunststück, nach so viel Bier – und kurzerhand liess er ein Bächlein von hoher Warte aus in die Gegend plätschern. Just in diesem Augenblick musste eine motorisierte Polizeistreife vor dem Tor aufkreuzen. Die Mannen stiegen aus ihrem Auto und hiessen den Störenfried herunter zu kommen. Sie verfrachteten ihn in ihr Fahrzeug, um zwecks Feststellung der Personalien mit ihm zum Spiegelhof zu fahren. Der Otti war sehr aufgedreht und gab gute Sprüche zuhauf von sich, als ihm unser Kollege Max, welcher vorsichtshalber auf einem Bänklein gegenüber Platz genommen hatte, zu Hilfe eilen wollte. «Ah, Sie kennen den Herrn! Dann kommen Sie auch mit.» Und schon war auch er im Auto verstaut. Aber der Motor wollte und wollte nicht anspringen, so dass sich Otti, selbstlos wie er nun einmal war, anerbot, den Wagen anzuschieben. Die Polizisten amüsierten sich dermassen über Ottis Sprüche, dass sie schliesslich beide laufen liessen. «Mit ere guete Schnure kunsch iberal dure!»

8
Sujet: d Kaugummisüchi

An dr Fasnacht 1953 hän mr in dr Junge Garde d Kaugummisüchi usgspiilt.
Mir Buebe hän die Kaugummi an de Kiosk kauft wie verruggt – wenn mr s Gäld gha hän. Es sin glaini, flachi, ainzelni Briefli gsi, öbbe so gross wie e Passfoti. Innedrinn isch näbscht em Kaugummiplättli e schwarz-wyss Bildli vomene bekannte Schwyzer Sportler gsi. Das isch es au gsi, worum me so vyl wie möglig vo dene Kaugummi kauft het. Me het denn underenander die Kaugummibildli ustuscht gege e anders. Wenn me 2x dr Miggeli Handschi gha het, het me ains drvo zem Byspil gege dr Ferdi Kübler tüschlet.
S Requisit in unserem Fasnachtszug isch d Kaugummikuchi gsi. Bestande het die us eme Oofe mit eme Ooferoor. Während em Cortège het dä Oofe immer miesse brenne und rauche. E fürchterlige Gschtangg isch use ko. S isch nämmlig näbscht Holz sinnigerwys au Gummi verbrennt worde, alti Veloschlüüch. Ain vo unsere Pfyffer, dr Duuri Sager, isch Chef gsi vo däm Oofe und är het das guet und yfrig gmacht. Mr hänn scho fascht die ganzi Route hinter ys brocht gha, kunnt dr Duuri ganz uffgreggt bis zue uns Drummler hintere und rieft immer wider: «Wo isch my Piccolo?» Bym nägschte Halt wo mr gmacht hän, isch s für alli klar worde – in dr Äscheschublade vom Oofe het me e paar Glabbe vom Duuri sym Piccolo gfunde.
Wie e Lauffüür isch das Drama denn Zoobe au bi unserem Stamm akoo. Die hän grosses Beduure gha und spontan am Nachtässe unterenander Gäld gsammlet, um em Duuri wider e neu Piccolo z kaufe.

21

9
Wo mir in dr Junge Garde an dr Fasnacht e Liferigswage vorem «Zorn» aaghalte hän

Bis es amme an dr Fasnacht Zyt gsi isch zem Abmarschiere, sin mir Buebe sicher scho e Stund vorhär dr Gämsbärg uf und ab gsegglet. Enander mit Räppli «yysalbe», oder probiere em Andere d Räppli in Krage obe yne z stopfe isch unser Vergniege gsi. Uff aimol isch e grosse Coca-Cola-Liferigswage dr Gämsbärg durab ko. Mr hän dä us Plausch aifach nit duuregloo. Alli sin äng ums Auti ummegstande und e paar sin sogar uf d Kiehlerhube uffe glätteret, so ass dr Chauffeur nümm uuse gseh het. Är het denn mit Geschtikuliere z verstoo gä, ass är sich mit Coca-Cola freikaufe will – und esoo isch s denn au koo. Jede vo unserer Junge Garde het vo ihm e Coca-Fläschli gschänggt griegt.

10
Em Pauli sy Requisit

Am Aafang vo de Fuffzgerjoor isch dr Pauli zem Dambuurmajor gwäält worde. Do druff isch är stolz gsi und het sich in jeeder Beziehig Mie gää. Är het sy Goschdym und dr Kopf sälber baut, wo maischtens irgend ebbis druff gloffe isch. Legendär isch syni Resslirytti gsi, wo sich drait het, und wemme ganz guet gloost het, het me sogar Draiorgelemuusig gheert. S isch denne als am Fasnachtsmääntig z Midaag allewyl wider en Erläbnis gsi, wenn dr Pauli dr Gämsbärg durab koo isch. Die ganzi Glygge isch amme vor em Laiezorn gstande und het en bewunderet.
Dr Pauli het als au s Requisit baut. Maischtens isch ebbis druff gsi, wo gloffe isch – weenigschtens bis uffe Märt! Bim Zie het sich dr Boode als verzooge und s isch us gsi mit dr Mechanik vo Kettene und Rieme. Mer hänn dr Pauli allewyl ufzoge wäge däm.
An dr Fasnacht 1953, mer hän dr Adenauer uf em Bürgestogg uusgspilt, het dr Pauli bhauptet, dass sy Requisit uf alli Fäll dät laufe. Är het dr Bürgestogg baut mit eme Biggelhuube-Bagger, und dä isch gloffe, wie no nie. Uf däm Requisite-Wägeli isch en ordlig groossi Kischte montiert gsi. Mer hänn dänggt, si syg fir d Ersatzdrummle und dr Zeedelvorrot. Bim erschte Halt, wo dr Pauli sy Kopf abzooge ghaa het, goot är zue däre Kischte, macht s Dirli uff und sait: «So, Schosy, kumm uuse, kasch ebbis go dringge!» Dr Schosy isch sy eltischte Bueb gsi, wo het miesse anere Kurble drille …

11
Me kaa si au stregge

Der Ärnscht isch e Bierdringger gsi. Wenn är emool, und dasch maischtens an der Fasnacht gsi, wysse Wyy drungge het, denn isch är aggressiv worde, will är sy Wyy fascht esoo aabegleert het wie sunscht amme s Bier.
Am ene Fasnachtszyschtig, wo noonig so vyl Guggemuusige ummegloffe sin wie hit, sinn uff eme Disch im Laiezorn e Hampfle Guggemuusig-Inschtrumänt glääge. Derby isch au e Posuune gsi. Der Ärnscht, wo d Guggemuusige e bitz fescht in der Nase ghaa het, sait zuen e baar, wo grad dert gschtande sin: «Me kaa si au stregge!», schnabbt die Posuune und foot si a uffbiege, bis si ebbe drey Meter lang gsi isch. S hänn alli glacht, wo zuegluegt hänn. Dä Guggemuusiger het my duurt. Dä isch aber au zimftig verruggt worde. Ai Gligg, hets kai Schleegerey gää.

12
Am Fasnachtszyschtig simmer zwääg …

… es isch der scheenscht vo alle Dääg. Das isch s Motto vom Zyschtigsziigli vo der BMG. De Lyt, wo maine, es syg immer eso e Rummel gsi in der Stadt, mechti verzelle, wien ych mi erscht Zyschtig erläbt ha.

My erschti Fasnacht im Stamm isch 1955 gsi. Am Zyschtig Zoobe hett sich s Spiel, also Dambuure, Pfyffer und Vordräbler samt Aahang um die halb Achti im Zorn droffe. Dr Daag duure isch no gschafft worde. Am Achti isch denn d BMG am Gämsbärg yygstande. Zvorderscht isch au denn scho dr Domino mit dr Stall-Ladärne gloffe (es isch immer no die glyych wie hitte), denn isch d Ladärne koo, wo au dert scho us alte Sytewänd zämmegnaagled worden isch. Mit de Alte Schwyzer isch me abmarschiert. Dr Spalebärg ab bis zer Haseburg. Dert sin mer in Andreasmärt abbooge. Dreimol isch dr ganzi Zug um e Andreasbrunne gloffe, denn wyter dur d Schnyydergass und Spiegelgass zum erschte Halt in d Meerkatz – dasch e richtig alti Basler Baiz vis-à-vis vom Spiegelhof gsi. Wenn dr Domino gfunde het, es sig jetz Zyt, denn ischs wytergange zem zweite Halt in Schlissel. Zueschauer hetts wenig ghaa und in de Baize isch au kei Druggede gsi. Hinder de Dambuure sin d Fraue oder Frindinne im Schritt mitgloffe. Vom Schlissel hämmer denn wider zrugg in Zorn drummlet und pfiffe. Im Hof isch denn d Ladärne uffem Weierli, wo frièner im Hof gsi isch, verbrennt worde. Dr Domino het si bekannte Värs vordrait, denn isch dr Druurmarsch zu Eere vo däne, wo nie mee Fasnacht mache kenne, zelebriert worde und als Abschluss no d Pfyffer Daagwacht. Denn isch die ganzi Gsellschaft in der Baiz gsässe. Do am Mittwuchmorge die maischde hänn miesse go schaffe, isch me au nit so spoot haimgange. Und wies hit zuegoot, erläbe mer jo alli sälber.

13
Die Tänzerin

Zu einer Zeit, als man noch mit dem Auto den Spalenberg hinunterfahren durfte, war René mit dem repräsentativen elterlichen Auto mit eleganten Weisswandreifen und seinem Cliquen-Kollegen Carl auf dem Nachhauseweg. Unterwegs trafen sie auf eine junge russische Dame, die angab, Tänzerin zu sein, und nahmen sie mit. Da René noch im Elternhaus in Riehen wohnte, begaben sie sich leise ins Haus und tranken gemeinsam ein paar Gläslein.
Plötzlich hatte die stark alkoholisierte Dame heiss und wollte ein Bad nehmen. Die Eltern wachten auf, als sie Wasser in die Wanne laufen liess, und fragten, was los sei. René antwortete, dies sei die Freundin von Carl, die ein Bad nehmen wolle, hatten doch damals nicht alle Wohnungen eine eigene Badewanne. Zufrieden schliefen die Eltern wieder ein. Ebenso die mittlerweile stark betrunkene Tänzerin, als sie im Bad lag, und René und Carl hatten die grösste Mühe, sie aus der Badewanne zu hieven. Sie zogen sie an und setzen sie wieder in der Stadt ab.
Danach fuhren sie wieder nach Riehen. Unterwegs entdeckten sie, dass sie vergessen hatten, der Tänzerin den Slip wieder anzuziehen. René versorgte ihn im Handschuhfach und sagte, er würde ihn zu Hause rausnehmen und entsorgen, was er aber vergass.
Am darauffolgenden Sonntag fuhr René, wie immer, mit seinen Eltern zum Mittagessen in ein Restaurant aufs Land. Der Vater kannte den Weg aber nicht genau und bat seine Gattin, doch auf der Karte im Handschuhfach zu schauen, wohin sie fahren müssten …

14
Un kilomètre à pied …

Menschen im Allgemeinen und im Speziellen Männer haben
zuweilen eigenartige Mödeli. Sie bohren hemmungslos in der
Nase, kratzen sich ausgiebig mal hier, mal dort, und furzen
und rülpsen, als ob es kein Morgen gäbe. Notabene findet das
nicht etwa heimlich im Verborgenen «s hetts jo keine gsee»
statt, sondern am liebsten, wenn man in trauter Runde zusammensitzt und vom gelungenen Fasnachtsbummel, dem letzten
FCB-Match oder dem neusten Fauxpas der Regierung spricht.
Ein Mödeli der besonderen Art war unserem lieben Freund
Pauli zu eigen: Er zog seine Schuhe aus. Nicht etwa wenn er
nach Hause kam, bevor er in die Badewanne stieg, oder abends
vor dem Schlafengehen. Nein. Einfach so.
Wenn es Pauli besonders wohl war, man gemütlich zusammensass,
etwas zu trinken hatte und gegessen wurde, dann war es üblich,
dass der Griff unter den Tisch erfolgte und alsbald die Füsse in die
Freiheit entlassen wurden. So geschah es auch an jenem Herrenbummel, als sich unter dem Tisch plötzlich ein paar verwaiste Schuhe
fanden.
Die anwesenden BMGler kannten ihren Freund natürlich gut und
machten sich einen Spass daraus, die Schuhe heimlich einzupacken
und mit einer Briefmarke versehen an den Besitzer adressiert auf
die Post zu bringen.
So waren Paulis Füsse zwar den restlichen Tag über immer an
der frischen Luft aber «ça use les souliers» fand an diesem Tag für
unseren lieben Freund nicht mehr statt.

15
Gastfreundschaft

Als die Stammbeiz in der Nacht ihre Türen schloss, waren einige Cliquenmitglieder noch nicht müde und wollten noch ein wenig miteinander feiern. René hatte ein geeignetes Haus, genügend Getränke an Lager und bot sich als Gastgeber an. Es wurde reichlich gefestet und getrunken und die Getränkevorräte schwanden relativ rasch. Höhepunkt des Abends bildete sicherlich der Moment, als jemand auf die Idee kam, einem der Kollegen eine Haar-Friction zu verabreichen. In Ermangelung entsprechender Haarpflegemittel nahmen sie Eier aus dem Kühlschrank und rieben ihrem Kameraden den Kopf und die Haare damit ein.
Etwas später wollte einer der Freunde nach Hause gehen, doch wohnte er jenseits der Grenze im benachbarten Deutschland. Da kein Tram mehr fuhr und Taxis damals teuer waren, bot René spontan an, seinen Freund mit dem Auto nach Hause zu bringen. Gesagt, getan. Allerdings hatten sie nicht mit den Zollbehörden gerechnet, welche die beiden schnurstracks in eine Ausnüchterungszelle brachten, wo sie während der Nacht bleiben mussten.
Am nächsten Morgen war die holde Ehefrau des Gastgebers ziemlich irritiert. Vor dem offenen Kühlschrank lag ein fremder Mann mit eierverschmierten Haaren, und von ihrem Ehemann fehlte jede Spur.

16
Die Wurstnase

Es war an einer Fasnacht in den 1950er-Jahren. Die Junge Garde stand vor dem «Zorn» zum Abmarsch für den Cortège bereit. Wir trugen lustige Larven mit einer mächtigen Nase, die an eine Waadtländer Saucisson erinnerte. Wie es Lausbuben halt so an sich haben, sind sie zu nichts zu gebrauchen, aber zu allem fähig. Daher war es nicht weiter verwunderlich, dass einer dieser – freundlichen, musikalisch bestimmt äusserst talentierten und sozial höchst integren – jungen Leute sich einen Sack Räppli, der gerade herumstand, schnappte und beherzt durch das offen stehende Fenster des Restaurant Spalenburg kippte. Dass dahinter der Koch gerade dabei war, eine feine Mehlsuppe zu kochen, störte den Jungspund nicht im Geringsten.
Der Koch hingegen war alles andere als angetan ob der Aktion. Ein Blick durchs Fenster genügte, wo er eine Wurstnasen-Larve entdeckte, die sich gerade zu entfernen anschickte. «Wart nur!», dachte er und rannte wutentbrannt aus der Kombüse, auf dass der Sündige bestraft werde. Er bog mit grimmigem Gesicht und schief sitzender Kochmütze in den Gemsberg ein und siehe: Da stand die Wurstnase – direkt vor ihm. Er zog dem Bengel die Larve hoch, verpasste ihm eine saubere Ohrfeige, drückte ihm die Larve wieder aufs Gesicht und kehrte voller Genugtuung an seinen Arbeitsplatz zurück.

Meine erste Fasnacht als Pfeifer in der Jungen Garde. Ich stand aufgeregt, das Piccolo in der Hand, die Larve auf dem Kopf voller Vorfreude bereit für den Cortège, als mir jemand unvermittelt an der Wurstnase riss und mich ins Gesicht schlug. Danach wurde es wieder dunkel. Manchmal ist das Leben – auch für einen angehenden Lausbuben – sehr ungerecht.

Chronik
1958–1967

Die späten 1950er- und 1960er-Jahre lassen die Fasnacht erblühen und zu einem grossen Volksfest werden. Der Dialekt wird zur Klammer, mit der diese Tradition verteidigt wird und mithilft, Zuzüger und die verschiedensten Gesellschaftsschichten zu integrieren. Die Kostüme werden speziell für die Fasnacht gefertigt, die einzelnen Cliquen wachsen stark und Guggemusiken schiessen aus dem Boden. 1957 feiert die BMG ihr 50-jähriges Bestehen mit einem grossen Fest. Sie hat sich prächtig entwickelt, mit einem vollständigen Zug von Vorreitern bis Wagen, und sie lässt ihre Sujets von bekannten Laternenmalern und Zeedeldichtern gestalten. Dank ihren Stänzlern, den Uniformen der Standeskompanie, eine Tradition, die sie bereits seit Jahrzehnten pflegt, ist sie gern gesehener Gast an zahlreichen Anlässen im In- und Ausland, von Eidgenössischen Schützenfesten bis zum Pfifferdaj in Ribeauvillé. Der Stammtisch wird zum zentralen Ort, an welchem nicht nur die Übungsabende, sondern auch ganze Wochenenden, mit und ohne Familie, verbracht werden.

17
Määlsubbe und Zibelewäije z Mailand

Als junge Grafiker han y e bitz länger als e Joor z Mailand gschafft. Für mi isch klar gsi, ass y nit an dr bevorstehende Fasnacht mitmache ka, will Basel vyl zwyt ewägg gsi isch. S Drummelböggli, d Drummelnote und d Schlegel han y aber by mer gha und y ha au immer wider g'iebt. S het denn gly emol öbber wo unde draa gwoont het gfrogt, was für e neuy Maschine do obe inne wurd stoo.
E paar Wuche vor dr Fasnacht bin y vomene Basler Ehepaar dört z Mailand, by iine dehaim, zem Nachtässe yglaade gsi. Wie sich s ghört hets zerscht e Aperitif gä. Drno hän mi die beide verloo und sin in d Kuchi. E paar Minute spöter sin si wider baidi zrugg in d Stube ko. S Liecht isch abgange, mit em Muul hän si dr Morgestraich pfiffe – und irgendwie draage si Määlsubbe, Zibelewäije und e Kerzeliecht an Ässtisch.
Mir hets komplett dr Ärmel ynegnoo. My Mainig het sich um 180° kehrt und i ha mym Brueder Willy z Rieche telefoniert und s Zugs-Gostüm mit dr Larve für d Fasnacht bschtellt. S het graad no glängt.

18
Fascht e Hochzyt

Natürlich wieder einmal Ribeauvillé. Wo denn sonst? Wie üblich heisses Wetter und grosser Durst. Damit auch entsprechende Löschübungen, und die Stimmung stieg. Alles schon dagewesen, und wie üblich …
Charles Bentz, in BMG-Kreisen als Schäri bekannt, besass eine Bäckerei mit lauter guten Sachen, vor allem mit einem ganz ausgezeichneten Gugelhopf. Einige BMGler waren praktisch jedes Jahr Stammgast bei ihm in der Backstube. Nun ja, den Gugelhopf konnte man ja nicht einfach so trocken hinunterwürgen, und so wurde mit entsprechender Tranksame (Riesling und Gewürztraminer) nachgespült.
Nun geschah es, dass Schäri nicht nur ausgezeichnete Gugelhopfe besass, sondern auch ein reizendes Töchterlein, gerade ungefähr so tausend Wochen alt. Ihre grossen, unschuldigen, himmelblauen Augen konnten einen Schnellzug zum Entgleisen bringen. Und unser Freund Niggi, der auch in der Backstube anwesend war, begann, ihr tief, ganz tief in die grossen, unschuldigen, himmelblauen Augen zu schauen … und er rückte immer näher. Das Töchterchen empfand dies nicht etwa als Belästigung; oh nein, ganz und gar nicht! Auch sie rückte immer näher und schlug die grossen, unschuldigen, himmelblauen Augen auf, wie einen Ochsnerkübel …
Mit der Zeit bemerkten die Eltern, die selbstverständlich auch in der Backstube anwesend waren, die gegenseitige Sympathie der beiden jungen Leute (wobei Niggi etwa doppelt so alt war wie das Töchterlein, und glücklich verheiratet). Die launigen Wogen gingen hoch, und Schäri (oder wars seine Frau?) begann im Scherz, von einer baldigen Hochzeit zu sprechen, wobei dieser Scherz für die beiden jungen Leute durchaus kein Scherz, sondern, jedenfalls für das Töchterlein, eine absolut ins Auge zu fassende Option zu sein schien.

Die anwesenden BMGler hieben selbstverständlich in dieselbe Kerbe, und man sprach allgemein schon vom Verlobungsessen, und einige meldeten sich bereits als Götti. Nun denn, kurz bevor der Pfarrer aufgeboten wurde, gelang es den Stammgästen Niggi zu retten und sich mit ihm aus der Backstube zu verabschieden.
Zurück blieb ein Paar tief enttäuschte, grosse, unschuldige, himmelblaue Augen, die mit einem weissen Taschentüchlein abgetupft wurden. Niggi, der Herzensbrecher, trug aber sein Schicksal wie ein Mann und spülte seinen Liebeskummer würdig mit einigen Rieslingen und Gewürztraminern hinunter …

19
Die gefütterten Schuhe

Nicht alle Cliquenmitglieder sind handwerklich gleich geschickt. Dies fällt besonders bei den Fasnachtsvorbereitungen ins Gewicht. Im besten Fall stehen die Ungeschickten nur im Weg, unterhalten die anderen oder besorgen Getränke. Unangenehm sind aber diejenigen, die zwar selbst nicht arbeiten, aber nicht mit Ratschlägen geizen. Eines dieser Exemplare war der Schöne Ernst, der auch seinen Wohlstand nie zu verstecken versuchte. Wenn die Temperatur im Wagenbaulokal bei null Grad lag, tauchte der Schöne Ernst im Pelzmantel mit lammfellgefütterten Schuhen auf, für die die meisten Anwesenden einen halben Monatslohn auf den Tisch hätten blättern müssen. Während seine Kollegen in ihren Overalls stundenlang frierend in der kalten Garage arbeiteten, stand er warm eingepackt da und dozierte, was er anders machen würde.
Als er gerade wieder einmal seinen Kollegen seine neuen handgefertigten Schuhe präsentiert hatte, geschah es. Damit diese Schuhe keinen Schmutz abbekamen, hatte er noch ein zweites, älteres Paar dabei und wechselte die Schuhe. Kurz darauf fand einer seiner Kollegen, dass sich Schuhe gut an der Wagenwand machen und zum Sujet passen würden, und entdeckte das herrenlose Paar. Kurzerhand nahm er es, nagelte es mit grossen 100er-Nägeln an den Wagen und bemalte die Schuhe mit Dispersion. Als der Schöne Ernst seinen Besuch beim Wagen beenden und seine Schuhe wieder wechseln wollte, suchte er ziemlich lange, bis er sie schliesslich entdeckte.

20
E verruggti Gschicht

I ha für e sehr bekannti Uhrefabrik in Le Locle könne schaffe. D Uffträg sin immer vom Diräggter diräggt zue mir ko. Au verhandlet han y mit iim maischtens persönlig. Vylmool bin y no Le Locle in d Fabrigg graist zem Entwürf vorzleege etc. Zue sonere Verhandlig han y emol my doomolige Atelier-Partner René Beuret mitgnoo. Mr sin mit mym Renault 4 in Jura gratteret. D Besprächig het am Morge am zääni aagfange und wo s denn gege dr Middaag gange isch, het dä Diräggter gsait, ass mr zämme mit sym Seggretär für e Arbetslunch usserhalb vo Le Locle in e Wirtschaft göön. Mit sym Mercedes sin mr z Viert ze dere gmietlige Baiz gfahre. Mr hän guet gässe und vyl drungge. Dr Diräggter het sehr Freud gha mit uns über Basel und d Fasnacht z reede und speziell über d Mittwuchgsellschaft. Är isch nämlig z Basel uffgwaggse und het als Bueb in dr Junge Garde vo dr BMG mitgmacht.
S isch e enorm wyseeligi Stimmig uffkoo und i ha miesse fescht uffpasse, ass i nit in e Rusch yne rutsch, will jo denn no d Ruggfahrt bevorgstande isch. Uffem Höhepunggt vo dere fiecht-fröölige Stimmig het mr dr Diräggter us haiterem Himmel 2 Tausgernoote anegschtreggt und gsait: «doo, nämme si das und machet drmit e Fescht in dr BMG.» Y bi natürlig total überrascht gsi und bi gly an s Telephon um em domoolige Presidänt vo dr BMG, em Heinz Miesch, die ussergwöhnligi Botschaft z übermittle. Är isch aber nit dehaim gsi. Jä nu. No ere gwisse Zyt, dr Diräggter isch als wie bsoffener worde, han y dänggt, ass es mir nümm so wohl isch drby. Wenn är am andere Daag merggt, ass em 2000 Frangge fehle und s em difuus in Sinn kunnt, ass ich das Gäld in sym Rusch zue mr gno ha, daas het mir nit gfalle. Y ha em denn die 2 Riise wider aanegstreggt und är het die ohni Widerreed in sy Kittel yne gsteggt.

Schaad – Wie gewonnen, so zerronnen.

21
Kleinbasler Hofreitschule

Es trug sich an einem Fasnachtsmittwoch zu, der obligate Halt vor dem «Roten Kater» stand an und die BMG hatte sich vor besagtem Etablissement frohen Mutes eingefunden, um in lauschigem Ambiente den Durst zu löschen.
Schaggi, ein Vorreiter wie aus dem Bilderbuch – noch stets hoch zu Ross – machte vor dem Portal ein paar Angestellte aus, die dem bunten Treiben beiwohnten und vom geschäftstüchtigen Beizer quasi als Empfangskomitee wohlweislich vor die Türe geschickt worden waren, und schickte sich an, ihnen die Reverenz zu erweisen. Gekonnt zeigte er eine Courbette, ein paar Capriolen und stürmte dann auf den Eingang zu, wo er abrupt innehielt, um mit einer Levade seine Darbietung abzuschliessen.
Die Empfangsdamen hielten das allerdings für eine veritable Reiterattacke und flüchteten in kreischendem Chor ins dämmrige Lokal in Sicherheit.
Schaggi schloss seine Darbietung mit den Worten des Grafen Revertera: «Die guten Huren, alle sollen sie in den Himmel kommen!»

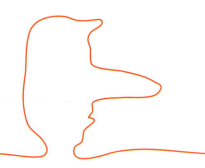

22
E Bierkollaps no em Wettstaimarsch

Am e Kantonale Turnfescht baider Basel z Rieche hän mir drey Tamboure, dr Peter Stampfli, dr René Schurtebärger und ich am Umzug mitgmacht. An däm Hochsummerdaag hän mr, guet yklaidet in dr Stänzleruniform, vom Dorf bis uf dr Feschtplatz by dr Grendelmatte diräggt uf d Bühni drummlet. S isch saumässig haiss gsi, wyt über 30° Celsius. Au dr Muusigverain Rieche isch uff dr Bühni ymarschiert. Dört sin mr stramm gstande und hän em Feschtreedner sy ellelangi, unändliglangwyligi, patriotischi Reed über uns ergoo lo. No em erlösende Änd vo däm Gschwafel hämmer zämme mit em Muusigverain dr Wettstaimarsch gspiilt. Drno sin mr schnuerstraggs ab dr Bühni, hän d Drummle abgspannt, dr Tschaggo ab em Kopf und sin diräggt ans Bierbuffet aane. Eso schnäll wie dört hän mr no nie e Bächer abegstellt gha. So schnäll, ass ein vo uns, dr Schurtebips grad d Schruube gmacht het und an Bode abe verschwunde isch. Är het vo däre plötzlige Abkiehlig e Kollaps ygfange ...
Frisch. Fromm. Fröölig. Frei.

23
Vollbad im Stadthof

Traditionell, ja schon fast legendär war der Halt am Fasnachtszyschtig im Stadthof. Da die BMG keine Reservation vornehmen konnte, man war ja schliesslich eine Grossgesellschaft inkl. einer Armada von Ehefrauen und Gspusis, verpflegte man sich im Treppenhaus sitzend mit den stadtbesten Leckereien direkt von der Brötlibar. Das Treppenhaus war derart gut besetzt, dass man nur mit Mühe und Not eine Sitzgelegenheit auf den kalten Stufen ergattern konnte und so ist auf der Suche nach einem geeigneten Plätzchen zwei BMGlern aufgefallen, dass im 3. Stock eine Türe nur angelehnt war. Ein Blick hinein ins Zimmer verriet Vielversprechendes: Ein komplett eingerichtetes Badezimmer versprach Abhilfe gegen klirrende Kälte und Sitzplatznot, und während der eine Bier holte, liess der andere ein Vollbad einlaufen.
So setzte man sich in die Wanne, genoss Bier und Brötli und hatte ganz nach Wilhelm Buschs «das Bad am Samstagabend» eine Menge Spass!

24
Ribeauvillé

Wir sitzen um etwa zwei Uhr morgens in einer Bäckerei in Gesellschaft des Monsieur le Maire und haben es bei einem Edelzwicker urgemütlich, und die Stimmung hebt die Lautstärke der Unterhaltung. Plötzlich geht von aussen das kleine Fensterlein im Schaufenster auf und ein Gendarm steckt den Kopf herein. Unser Präsident erfasst die Situation, ergreift blitzartig die nächste Apfelwähe und schmeisst sie dem Gendarmen ins Gesicht. Der Gendarm sieht nur den allgewaltigen Monsieur le Maire, salutiert und verschwindet.

25
Im Schlüssel

Es isch dr erscht Halt am Morgestraich no em Abmarsch vor em «Zorn» gsi. E Rudel BMG'ler isch im Schlüssel d Stääge uff, in grosse Zunftsaal im erschte Stogg yne und um e groosse Disch ghoggt. D Servierdochter kunnt uff ys zue. D Hoor vo iire hän no zimlig verlääge dry gsee. Dr René Wehrli, unsere Hairstylischt sait salopp und dütlig zue iire: «Frölein – Wäsche – Leege» Do kehrt si sich sofort um und lauft wider zrugg vo wo si här ko isch, ooni irgend e Wort mit ys gwäggslet z ha. Mir hän dänggt, jä die isch jetzt belaidigt wägenem René synere Bemerggig. Denn kunnt si wider dur dr Saal uff ys zue mit eme Tablett voll Gleeeser und ere «Fläsche Aigle» druff.
Mr hän glacht wie verruggt, denn «Wäsche Leege» und «Fläsche Aigle» döönt halt seer seer äänlig.

26
E Duell vo zwai Charmeur

Am BMG-Stammtisch im «Zorn» isch emol dr Erwin Wenger gnüsslig und b'häbig hinterem Disch uff em Bangg gsässe. Dr linggi Arm über dr Schultere vonere raizende junge Dame und uff dr rächte Syte s glychi mit ere andere, ebeso Hübsche. Är het die baide beschtens unterhalte und im «Griff gha».
S isch nit lang gange, do lauft dr René Wehrli an die Szene aane. Au är het logger e gwisse Charme an Daag leege könne. Irgendwie het s dr René nit könne sy loo, ass dr Erwin die baide junge Fraue für sich ellai dominiert het und sich wie e Pfau het könne uffiehre. Är stoht vor die drey aane und sait zem Erwin früsch vo dr Läbere wägg: «Salli Erwin, wie goht s au dyne offene Bai! Süttere sy nümm, oder muesch se immer no ybinde?» «Du bisch doch e Laggel! Y ha doch kaini offene Bai!» het dr Erwin gsait …
… und die ganzi Dreyseeligkait zwüsche em Erwin und syne zwai Grazie isch verflooge.

27
Dr Basler Daag an dr Expo 64 in Lausanne

Hundert Pfyffer und Drummler us fünf verschidene Clique sin delegiert worde zem am Basler Daag in Lausanne an dr Expo 64 in ere grosse gmainsame Formation dailznää. D VKB, die Alte Stainlemer, d Olympia, d Gundeli und mir, d Mittwuchgsellschaft sin die Clique gsi us dene d Aazahl Dailnäämer ko sin.

Als Tenue hänn alli bim Spengler – das isch nit e Spängler, sondern e grosses Modegschäft gsi – e schwarzes Manchester-Gillet, e Hose us schwarz-wyss glaikariertem Stoff und e grau-schwarz handgwobeni Fliege griegt. E wysses Hemmli het jede sälber miesse bringe. Lang no dr Expo 64 het me könne dr Aint oder dr Ander mit dere Fliege und däm Gillet in dr Stadt gseh ummelaufe. Aber d Hose het kaine meh könne draage, si sin nämmlig wägem vyle Räge in Lausanne öbbe 7cm kürzer worde.

Vor däm Ufftritt in Lausanne, het s z Basel e Marschiebig gää vom Münschterplatz in d Stadt aabe. S Zämmespiil het erstuunlig guet funktioniert.

Mit dr SBB isch denn die grossi Schar zämme mit vyle Schlachtebummler no Lausanne an d Station Expo 64 gfahre. Vo dört hämmer dur d Expo in d Feschthalle yne drummlet und pfiffe, wo mr au aaschliessend zämme Zmidaag gässe hän.

Nonem Ässe sin die maischte uuse go d Expo aaluege, oder hänn im Expogländ ummedrummlet und -pfiffe trotz em stargge Räge. Ainzelni sin in dr Halle sitze blibe. Aine vo dene bin ich gsi. S het nämlig ghaisse, ass gly e Kunschtturner Länderwettkampf zwüsche dr Schwyz und Italie aafot. Dr bekannti Schwyzer Jack Günthard isch dr Trainer vo de Italiäner gsi. Dä sportligi Aaloss han y welle gseh.

No öbbe zwai Stund sin die erschte zrugg in d Halle ko. D Kunschtturner sin no zmittst im Wettkampf gsi. D Drummler und Pfyffer hän sich absolut nit lo beydrugge vo dene Turner, hänn gruesst und

pfiffe und sin sälber ans Regg oder an d Barre oder uffs Pfärd gstiige. Es isch ai Duurenand gsi. Dr Jack Günthard und d Turner sin verruggt worde, s hät fascht e Schleegerey drus gää.
Dr Wettkampf isch denn abbroche worde. Abers Drummle und Pfyffe het alles dominiert, he joo, s isch schlussändlig au dr Basler Daag gsi!

28
Der Cliquenkünstler

Ferdi war nicht nur als Laternenmaler begabt, sondern schrieb jeweils gleich auch den Zeedel. Eines Jahres war der von ihm abgelieferte Zeedel dem BMG-Präsidenten Max zu scharf und er hatte Bedenken, damit bei der Obrigkeit Anstoss zu erregen. Daher liess er bei einem anderen Dichter einen zweiten Zeedel schreiben. Nur wusste er nicht, wie er dies Ferdi beibringen sollte.
Etwa eine Woche vor der Fasnacht konnte er nicht mehr warten und musste Ferdi reinen Wein einschenken. Doch hatte er eine grossartige Idee. Er rief den Künstler an und sagte ihm, der Zeedel sei von der Polizei beanstandet worden und daher habe er einen neuen in Auftrag geben müssen. Ferdi wollte dies nicht glauben und wollte wissen, welcher Polizist dies verordnet habe, kannte er als stadtbekannter Künstler doch praktisch jeden in Basel. Max rückte jedoch mit dem Namen nicht heraus. Da aber Ferdi keine Ruhe geben wollte und es dem Präsidenten unwohl wurde bei dem Gedanken, dass er bei der Polizei nachfragen würde, meldete er sich tags darauf nochmals beim Künstler und musste ihm gestehen, dass er die Geschichte mit der Polizei erfunden hatte. Der Künstler schäumte vor Wut und schwor sich, nie wieder etwas für die BMG zu machen.
Doch gleichzeitig hatte er eine Seitentüre der Laterne noch nicht gemalt. Kurz entschlossen schrieb er seinen ganzen Zeedel darauf und die Clique musste ihn mit der Laterne an der Fasnacht mit sich herumtragen. Sein Versprechen hat er rund 40 Jahre gehalten.

29
My erschti Ladärne, wo y gmoolt ha

I bi nonig ganz 17 gsi, wo y my erschti Ladärne für die Junge vo dr BMG gmoolt ha. Als Grafikerlehrling han y in dr Gwärbschuel unter andere au bekannti Ladärnemooler als Lehrer gha, z.B. dr Sulzbi (Max Sulzbachner), Hans Weidmann, Ärnscht Keiser und Theo Ballmer.
By vyle andere Lehrer wo y au no gha und gschetzt ha, isch s Ladärnemoole und überhaupt d Fasnacht kai Thema gsi.
D Ladärne han y dehaim in dr guete Stube dörfe moole. Mit de minimalschte Rotschleeg vo Syte vo de Lehrer oder Lüt us dr Clique bin y ans Wärgg.
Y ha dänggt s wär praggtisch, wenn y d Ladärne zem Moole, oobe schreeg gege hinde, ewägg vo mir stelle wurd, öbbis steiler wiene Zeichnigspult. Uff em Entwurf han y e grossi Figur gha und mit däre ihrem Kopf han y aagfange moole. E grossi ovali orangschi Schybe.
E breite flache Pinsel han y in d Farb dunggt und denn uf dr Ladärne uffgsetzt – aber ooha lätz – d Farb wo jo dünn wie Wasser isch, isch im ene Sautämpo uff em Stoff abegraast. Öbbe 10 dünni orangschi Bächli hän zämme e Renne gmacht, wär zerscht unde aakunt. Mit eme Lumpe han y no ganz schnäll probiert die Läuf z stoppe, aber s isch numme no schlimmer usekoh.
I kehr mi vo dr Ladärne um, lueg zem Fänschter us und seh grad wie e eltere Maa durelauft. Es isch e bekannte Ladärnemooler gsi, dr Turi Rahm. Drno han y dänggt, dä hätt mit syner grosse Erfahrig gwüsst, wie so öbbis nit muess passiere.
Mit däm Erläbnis bin y buechstäblig als Ladärnemooler uff d Wält ko.

30
Die Uhr

Früher war alles anders. Der Sommer länger, die Kinder folgsamer, die Fasnacht lustiger, Weihnachten weisser – und auch die Firmenjubiläen waren anders. Man bekam silberne Kugelschreiber, goldene Krawattennadeln. Und Uhren.
So eine Uhr – ein Wunder der Technik zu dieser Zeit, weil de facto unzerstörbar – erhielt nun also der Vater eines BMGler, auf dass sie nachhaltig Erinnerungen an seine langjährige Firmentreue symbolisiere. Stolz präsentierte er diese seiner Familie, liess sie zufälligerweise mit einem «hoppala» auf den Boden fallen, um sie umgehend wieder aufzuheben und nach kurzer Inspektion festzustellen: «Si goot no!» Natürlich wurde diese Uhr nicht für den Alltag gebaut, schon gar nicht zum Behufe profaner Zeitmessung. Nein, dieses Erzeugnis höchster Uhrmacherkunst war dazu gedacht zu gefallen, zu imponieren, zu verblüffen. So lag sie nun tagaus, tagein in einem hölzernen Etui mit samtenem Futter und wurde nur zwecks Demonstration perfekt inszenierter Unkaputtbarkeit hervorgeholt.
Dies hatte sich unser junger BMGler tüchtig hinter die Ohren geschrieben, und so geschah es denn auch, dass sich nach der Trommelstunde ein Kollege dieses technische Wunderding zeigen lassen wollte. Ein Griff in die Schatulle, die Uhr hervorgeholt und mit richtig viel Schwung gegen die Wand gepfeffert, das war rasch erledigt. Die darauffolgende Inspektion der erwarteten Funktionstüchtigkeit gestaltete sich aber schwieriger als gedacht, denn das Glas war zerbrochen und die Zeiger schauten in alle Richtungen. Der Kollege verliess kurz danach auf schnellstem Weg die Wohnung. Unser BMGler jedoch verband mit dieser Uhr nachhaltige Erinnerungen, wenn auch etwas andere als sein Vater.

31
Die Frikadelle

Wir waren an einem Cortège-Nachmittag in einer Beiz zwecks Rast und Stärkung, und da rief ein BMGler im grossen Lärm und Trubel zu einer älteren Serviertochter «Frollein, hänn Si Frikadelle?». Oh, die ältere Dame sah ihn richtig böse an, denn sie verstand etwas ganz, ganz unanständig anderes …
Frollein sagte man damals noch und fand es politisch korrekt. Für die Frikadelle gilt aber noch heute: Honi soit qui mal y pense.

Chronik
1968–1982

Der Höhenflug der Fasnacht geht weiter. Neue Cliquen werden gegründet, die Fasnachtszüge durch professionelle Grafiker und Künstler gestaltet. Menschenmassen übernachten vor den Billettkassen, um Eintrittskarten fürs Drummeli zu kaufen. Die Fasnacht hält in den Medien Einzug, die damals einzigen elektronischen Medien, das Schweizer Radio und Fernsehen berichten ausführlich darüber, und die Zeitungen machen die Fasnacht zum dominierenden Thema.
Bei der BMG ist das Wachstum ebenfalls spürbar. Wegen der grossen Anzahl Aktiver und einer immer grösser werdenden Altersspanne werden 1967 die «Runzle» gegründet. In der Trommelschule der Jungen Garde beginnen jedes Jahr bis zu 30 Anfänger, von denen aber nur eine kleine Anzahl durchhält. Sujets und Fasnachtszüge werden zu grafischen Meisterwerken und die jährlichen Stänzlerauftritte an Umzügen und Stadtfesten werden zur Regel.

32
**Dr Tambourmajor vom Stamm loot mi
wie e Zauberer verschwinde**

Für mi isch dr Fasnachtsmittwuch zoobe immer ain vo de Höhepünggt gsi. Dr Abmarsch vo dr ganze BMG, jung und alt zämme, no em Nachtässe. D Stimmig vor em Leuezorn hät nit schöner könnte sy. E fröhligi Mischig vo e huffe Goschtümierte und Zivilischte. Schyssdräggzügli zwänge sich dur d Menschemängi am Gämsbärg und riisigi Clique mit ihre mächtige Ladärne wälze sich heerlig ruessend und pfyffend bärguff, bärgab. Y ha als Gneggis vo dr Junge BMG stuunend und gniessend das Drybe intensiv erläbt. In myner Seeligkeit versungge bin y emol plötzlig in ere totale Finschternis yygschlosse gsi. Y bi mr vorkoo wie e Wällesittig, wo uff aimol e Duech über sy Keefig glegt griegt, ass es schwarz wie d Nacht wird.
Was isch bassiert?
Dr Tambourmajor vom Stamm isch näbe mr gstande, e riisige majestetische Maa mit eme grosse wytusladende Rogg, enere Krynolyne. Vo mir absolut unbemerggt het är ganz schnäll sy Krynolyne über mi gstülpt. Nüt het mi druggt, y ha schön Platz gha drunter, aifach e bitz hypnotisiert. Denn isch dä Spuuk plötzlig umme gsi, die «Glogge» het sich glüpft und y bi wider unverseert ins läbigscht Fasnachtsdrybe zrugg koo.

33
An ere Sujetsitzig

Wenn y so zruggdängg und mir in Erinnerig speziell s Clique-Läbe wie e Kurzfilm loss lo duregoh, isch s für mi hüt scho sehr erstuunlig, wie lang mir amme bis spot in d Nacht yne zämme ghoggt sin. Au d Sitzige, wo me innere glaine Gruppe s Sujet für die näggschti Fasnacht usdänggt het, sin maischtens lang usguuferet. An ainere vo dene Sujetsitzige sin mr emol bym Max Richard im Gundeli dehaim gsi. Wyt no Mitternacht bin y plötzlig mied worde vo däm vyle schnuure, loose und Bier dringge. Y bi vom Disch ewägg, ha d Schueh abzoge, bi uffs Kanape gläge und gly ygschloofe. Erscht am Morge wo s häll worde isch bin y wider uffgwacht. Dr Max isch scho frieh zem Huus us für an d Arbet z goo. Sy Frau het mr e Kaffi uffdischt und sunscht no was es eso zemene Zmorge brucht. Wo y ha welle d Schueh aleege, sin die niene me gsi. Zämme hän mr die Schueh in dr ganze Wohnig gsuecht wie verruggt. Niene sin die füre ko und mr hänn denn s Sueche aifach uffgä. Y ha drno e Paar vom Max griegt, die sin aber öbbe 5 Nummere grösser gsi als die vo mir. E so usgrüschtet bin y e bitz übernächtiget an die näggschti Dramstation gschlurbt. Bym Y- und Usstyge han y miesse guet uffbasse, ass mr die Schlabbe nit aifach drvo gfloge sin.
E paar Wuche spöter sin myni Schueh wider füre ko. Bym putze vo dr Wohnig sin si gfunde worde. Es het se aine vo myne guete Kollege, wo y gschloofe ha, hinterem Radiator und dr Wand unsichtbar aabegsteggt gha.

34
Unterwegs zum Schützenfest in Thun

Am 21. Juli 1969 reiste die BMG im Stänzler ans Eidgenössische Schützenfest in Thun, wo wir zum offiziellen Festumzug eingeladen waren. Alle waren ziemlich bleich und hatten Ringe um die Augen, allerdings nicht vom Alkohol: In der Nacht war im Fernsehen die Direktübertragung von der ersten Mondlandung gesendet worden. So hatten wir alle viereckige Augen und waren völlig übermüdet. Eine stattliche Anzahl Stänzler absolvierte denn auch bald ein Hilfsschläfchen.
Unser reservierter Wagen im Extrazug war der erste hinter dem Gepäckwagen. Bald entdeckten wir, dass in besagtem Gepäckwagen ein wunderschöner Leiterwagen mit noch schöneren knallroten Kirschen stand. Dieser sollte von der offiziellen Baselbieter Delegation mit Trachten und Banntagsschützen im Festumzug mitgeführt werden. Leider war für die besagten Baselbieter einer der hinteren Wagen reserviert. Und so stand der Wagen mit den verführerisch duftenden und leuchtenden Kirschen ganz alleine und unbeaufsichtigt im Gepäckwagen, in unmittelbarer Nähe der BMG. Nun, beim Gang auf die Toilette schnell ein einzelnes Chirsi zu naschen, wäre ja eher eine lässliche Sünde, also nicht besonders schlimm gewesen. Das Problem war, dass ganz plötzlich ganz viele Stänzler unter akutem Harndrang litten und daher ständig auf die Toilette mussten. Natürlich filzten sie jedes Mal ein Chirsi. Oder auch mehrere. Als nach Zugsankunft der Chirsiwagen ausgeladen wurde, sah er aus wie nach einem Angriff der Wanderheuschrecken. Die Baselbieter waren natürlich alles andere als begeistert, weil ihr mit viel Mühe und Liebe gestalteter Wagen, den sie voller Begeisterung und Stolz am Festumzug mitführen wollten, so schnöde und geradezu blasphemisch geschändet worden war. Natürlich gab es einen Riesenärger – das ist durchaus verständlich, wir schämten uns auch dementsprechend –, aber die Kirschen hatten trotzdem himmlisch geschmeckt!

35
Der Pyjama-Express

Im Frühjahr 1969 begab sich die BMG auf Einladung des dortigen Comité des Fêtes in den Stänzlern an den Carnaval de Saint-Ouen, einem Vorort von Paris. Am Freitagabend passierte die ganze BMG in Zivil, den Stänzler im Koffer, die Trommel am Buckel und den Säbel über der Achsel, den Zoll. Am Bahnhof Basel SBB bestiegen wir den reservierten Couchettes-Wagen in Richtung Paris. Schon im Bahnhof Basel St. Johann klagten die Ersten über Durst. Die gutgelaunte Gesellschaft beschloss, beim Halt in Mulhouse, der eine gute Stunde dauern sollte, dem Buffet de la Gare einen Besuch abzustatten, ungeachtet der Tatsache, dass einige bereits Schlafbereitschaft erstellt hatten und solchermassen im Pyjama im Wagen umhergeisterten. Beim Zugshalt in Mulhouse bewegte sich ein gespenstisch anmutender Zug vom Perron über die Passerelle ins Bahnhofbuffet. Wieder auf dem Abfahrtsperron angekommen, war von unserem Zug weit und breit nichts mehr zu sehen. Der herbeigeholte Chef de Gare erklärte uns, dass ausgerechnet in dieser Nacht unser Zug infolge Zeitumstellung bereits vor einer Stunde abgefahren war und musste im Augenblick mit allen unseren Effekten, Kleidern, Portemonnaies und Ausweisen friedlich gegen Belfort rollen!
Nun war guter Rat teuer. Nun, eine Viertelstunde später sollte ein anderer Zug, von Strassburg her kommend, nach Paris fahren, allerdings ohne Halt in Mulhouse. Der Chef de Gare fand sich so liebenswürdig, den Zug ausserfahrplanmässig anzuhalten und uns den vordersten Wagen, der verschlossen verkehrte, zu öffnen. Dieser zweite Zug, ein Expresszug, legte die Strecke nach Paris ohne Halt zurück, nicht aber unser ursprünglicher Zug aus Basel. Und so überholten wir ihn irgendwo unterwegs und sahen die Silhouette der Seine-Metropole eine halbe Stunde früher aus den Morgendünsten auftauchen.

Und so kamen nun die Reisenden im Gare de l'Est in Paris morgens um acht in den Genuss einer Prozession von Gestalten in wehenden Nachthemden, die durch die Bahnhofshalle auf den Ankunftssperron des Basler Zuges eilten. Schon von Weitem sahen wir die zum Fenster herausgestreckten Köpfe unser Kollegen, die in Mulhouse im Zug geblieben waren. Nun hob ein gar ergötzliches Schauspiel an, in dem männiglich das Pyjama aus- und die Kleider anzog – in aller Öffentlichkeit inmitten der Reisenden auf dem Perron natürlich. Und so zog danach die ganze Gesellschaft, nunmehr in Zivil und glücklich vereint, durch die trübe Bahnhofshalle der Pariser Morgensonne und neuen Abenteuern entgegen.

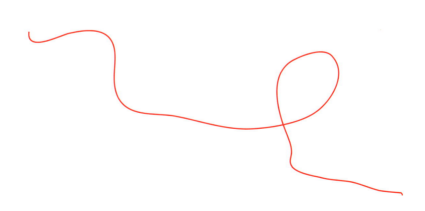

36
Immer für eine Überraschung gut

Urs war nicht nur ein begnadeter Laternenmaler, sondern auch ein durchaus talentfreier Tambour. Gerade eben erst war Mitte der 1970er-Jahre die Zeit unserer Spitzentambouren wie Hanspeter Hirt und Max Richard vorbei, als diese nach einigen Siegen am offiziellen Preistrommeln die Bühne ihrem Nachwuchs überliessen. Ihre Zöglinge sollten aus ihrem Schatten treten und der Fasnachtswelt beweisen, dass die BMG auch für weitere Überraschungen gut sein kann. Für eine Überraschung war sich auch unser lieber Urs nicht zu schade, der sehr wohl ob seiner talentfreien Trommelkunst Bescheid wusste. Er liess es sich nicht nehmen, einen wegen Krankheit frei gewordenen Startplatz eines unserer Stammtambouren zu ergattern und für ihn einzuspringen. Das Entsetzen in unseren Reihen war gross, als wir Urs auf der Bühne entdeckten. Unvermindert legte er mit seinem unorthodoxen Trommelstil los. Die Jury musste wohl an einen schlechten Scherz gedacht haben, und noch bevor Urs den ersten Vers beenden konnte, signalisierte diese unmissverständlich mit der Glocke, der Kandidat auf der Bühne möge seine Darbietung doch sofort unterbrechen. Auf die verdatterte Jury ergoss sich vom erbosten Urs ein bedrohliches Gefuchtel mit den Händen, begleitet von – der dick kaschierten Larve sei Dank – unverständlichen Kraftausdrücken. Höflich, aber bestimmt wurde Urs vom Moderator von der Bühne spediert und unsere Siegesserie schien fortan gerissen zu sein.

37
Von Pinseln und Rockernieten

Jede Cliquengeneration hat ihren Spassvogel. So auch wir einst unseren Urs, Sohn einer integren BMG-Persönlichkeit. Im Gegensatz zum Vater war der Filius ein Kind der wilden Siebziger, ein richtig schräger Kerl, aber immer liebenswert. Er war ein Lebenskünstler, trug lange, lockige, stets zerzauste Haare, die in alle Himmelsrichtungen standen. Letzteres rührte daher, dass er sich immer wild am Kopf kratzte. Urs malte damals die Laterne der Jungen Garde, was man ihm offen gestanden auch unschwer ansah. Denn beim Malen der Laterne deponierte er jeweils den Pinsel zwischen den Lippen, allerdings verkehrt rum, also mit den Pinselhaaren voraus im Mund. Seine unbekümmerte Art pflegte er nicht nur im Umgang mit Pinseln zu haben, sondern auch mit seinen Mitmenschen, wie das Beispiel mit dem Gast in der Hasenburg zeigt. Urs begrüsste den vermeintlichen Rocker zu überschwänglich und kommentierte seine mit Nieten versetzte Jeansjacke mit «Oh, du hast aber viele Nägel auf dem Rücken!», was dieser offenbar nicht besonders goutierte und Urs postwendend eine Tracht Prügel androhte. Nur mit Mühe und Not konnten wir den Raufbold daran hindern, währenddem Urs den Ernst der Lage offenbar immer noch nicht verstand und weiterhin herumalberte.

38
Der Wagen

Die BMG benötigte einen neuen Wagen, da der alte in die Jahre gekommen war. Damals genügte es, einen Heuwagen umzubauen und an der Fasnacht an einen Traktor oder ein sonstiges Zugfahrzeug anzuhängen. Glücklicherweise arbeitete Karli bei einer Versicherung, und dieser kannte auch Gantbeamte, die unter anderem Liquidationen ehemaliger Bauernhöfe machten. Vielleicht gäbe es ja eine Gelegenheit, dort einen Wagen zu ersteigern. Unerwartet rasch erhielt Karli plötzlich einen Anruf eines dieser Beamten, der eine entsprechende Versteigerung ankündigte. Diese würde einige Tage später um 8 Uhr beginnen, doch er solle doch bereits eine Stunde vorher vor Ort sein. Als Karli eintraf, war er mit dem Gantbeamten allein. Jener begann aber sofort mit der Versteigerung. Karli bot 300 Franken und erhielt sofort den Zuschlag. Kaum hatte er den Wagen ersteigert, kamen ein paar misstrauische Bauern um die Ecke und fragten, was denn hier geschehe.
Der Gantbeamte meinte darauf nur: «Wir machen eine Pause» – und die BMG hatte ihren neuen Wagen.

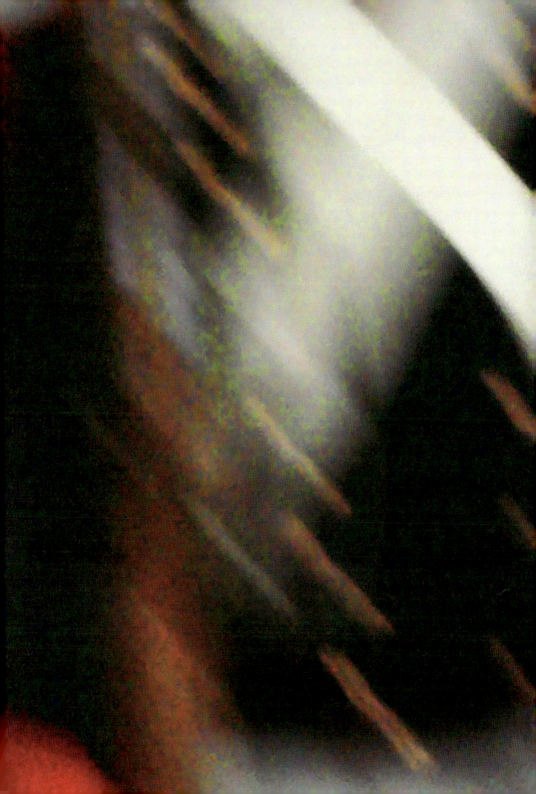

39
Das Goschdym

In der Jungen Garde gab es in den 1970er Jahre einige etwa gleichaltrige Tambouren und Pfeifer, die rund um den Kannenfeldplatz aufgewachsen sind. Dies war praktisch, da man sich zum Teil auch sonst sah, und vor allem an der Fasnacht, da man als Gruppe miteinander in die Stadt an den Cortège gehen konnte.
Man holte sich gegenseitig zu Hause ab, wobei die Tambouren und Pfeifer meistens zwei separate Gruppen bildeten. Die Pfeifer trafen sich einmal bei Christoph. Er war schon einige Jahre dabei und so wussten alle, dass beim Abholen immer etwas Zeit eingerechnet werden musste, da er meist nicht rechtzeitig bereit war. So auch in diesem Jahr. Er müsse nur noch rasch das Kostüm anziehen, dann sei er für den Fasnachtsmontag bereit. Er nahm dieses aus dem Plastiksack, doch, oh weh, das Kostüm war, wie in jedem Jahr, bloss zugeschnitten und nicht zusammengenäht. Ein Blick in den Sack vor der Fasnacht hätte wohl genügt – oder die Erinnerung ans Vorjahr. Nach kurzem Schock begannen die fünf Knaben in der Wohnung nach Möglichkeiten zu suchen, wie man wohl das Kostüm so rasch als möglich fertigstellen konnte. Fündig wurden sie mit drei Bostitch-Geräten, und sie begannen im Treppenhaus, die einzelnen Stoffteile zusammenzubostitchen und das Kostüm quasi «auf Mann» entstehen zu lassen. Das Resultat sah ganz ansprechend aus und es hielt sogar den ganzen Fasnachtsmontag.

40
Mineralwasser im Sonderangebot

Gleich nach der Fasnacht fanden auch bei uns jeweils am Samstag die ersten Einschreibungen für unsere Pfeifer- und Trommelkurse in der Jungen Garde statt. So auch an jenem Samstag in den 1970er-Jahren – wie immer im Löwenzorn. Die Instruktoren sassen in Erwartung neuer junger Fasnächtler am Tisch, der Kassier nebendran beschäftigt damit, die Fasnachtskosten der Jungen Garde abzurechnen. Plötzlich schreit dieser auf und sagt «Spinnt der eigentlich? Sechs Franken pro Literflasche Mineralwasser knöpft unser Beizer unseren Jungen am Fasnachtsdienstag beim Zvierihalt ab. Das ist ja reinster Wucher!»
Der Zufall wollte es, dass einer der anwesenden Instruktoren in der Woche darauf den stadtbekannten Kolumnisten -minu traf und ihm die Geschichte erzählte. Weniger Zufall war es dann, als am Montag nach dem Fasnachtsbummel in der «National-Zeitung» sinngemäss geschrieben stand: «Es war ein herrliches Treiben, eine Fasnacht in Zivil quasi. Wir lenkten unsere Schritte Richtung Gemsberg, aber oha lätz, der Löwenzorn war dunkel und geschlossen. Kein Wunder, wenn man der Jungen BMG den Liter Mineralwasser für sechs Franken verkauft, dann braucht man am Bummel nicht zu öffnen.»
Am Mittwoch darauf sassen wir wieder wie gewohnt am Stammtisch, worauf unser Beizer mit hochrotem Kopf an den Tisch stürmte und mit bebender Stimme drohte: «Wenn sich die Person von euch nicht meldet, die das der Zeitung erzählt hat, dann werfe ich die BMG aus dem Löwenzorn raus!» Alle haben geschwiegen, er fand es nie heraus. Und noch heute sind wir jeden Mittwoch im Löwenzorn.

41
Die Heimreise

Die BMG nahm in den 1970er Jahren regelmässig in ihren Stänzlern am Pfifferdaj in Ribeauvillé teil. Da damals nicht jedes Mitglied seine Uniform zu Hause hatte, traf man sich am Morgen im Löwenzorn, zog sich um und reiste gemeinsam ins Elsass.
Der Umzug vor Tausenden Zuschauern war jeweils ein Riesenerlebnis und die Gastfreundschaft der Elsässer legendär. So kam es, dass beim Aufbruch zur Heimreise in der grossen Festeuphorie Jean-Pierre leider vergessen wurde. Er war wohl allein irgendwo eingekehrt und seine Aufmerksamkeit war etwas getrübt. Als er nun mit der BMG nach Hause fahren wollte, war diese schon längst weg. Leider hatte Jean-Pierre nicht nur keine Französischen Francs, sondern überhaupt kein Geld mehr dabei. Immerhin konnte er einen Bus-Chauffeur überreden, ihn gratis bis Colmar mitzunehmen. Im Zug bis Mulhouse wurde er nicht kontrolliert. Auf dem Perron in Mulhouse wartete er mutterseelenallein im Stänzler auf den Zug, und es war ihm etwas unangenehm, dass alle Blicke auf ihn gerichtet waren. Immerhin nahm ihn die SNCF ohne gültiges Billett mit nach Basel und er erreichte den Zoll, der damals strenge Kontrollen durchführte. Der Zöllner winkte ihn nur durch mit der Bemerkung «Geh nur, der Krieg ist schon längst vorbei.» Endlich beim Löwenzorn angelangt, hatte dieser schon längst geschlossen und Jean-Pierre konnte an diesem Abend weder an seine Zivilkleider noch an seinen Wohnungsschlüssel gelangen. Dafür war er nach dieser Odyssee wieder nüchtern.

42
Bringen Sie den Schnaps

Es gibt Mitglieder, die verschwinden immer, wenn es ums Bezahlen geht. Einer dieser notorischen Abwesenden in solchen Dinge sass an einem Heerebummel nach dem Mittagessen gut gelaunt am Tisch und rief die Serviertochter, dass sie nun den Schnaps servieren könne. Kurz darauf erschien jene mit einem Blech Schnaps und wollte die Gläser verteilen. Einer der Anwesenden fragte aber, ob denn der Schnaps im Preis des Bummels inbegriffen sei, worauf sie verneinte. «In diesem Fall möchte ich keinen», kam prompt die Antwort. Alle Tischnachbarn verzichteten ebenfalls auf den Schnaps, da er ja nicht gratis war. Die Serviertochter stellte das Tablett beim Besteller ab, der irritiert vor zahlreichen Schnapsgläsern sass. Er fragte seinen Nachbarn, ob er nicht doch einen Schnaps nehmen würde, konnte er selbst ja nicht das ganze Blech bewältigen. «Wenn du mich einlädst», war die Antwort. Bei den anderen Tischnachbarn klang es ebenso. Am Ende blieb ihm nichts anderes übrig, als alle Schnäpse zu bezahlen und die BMG einzuladen.
In der Folge tauchte er etwa ein halbes Jahr nicht mehr am Stamm auf, hatte er doch offensichtlich das Haushaltsbudget überstrapaziert. Einige Zeit später rief er spätabends im Löwenzorn, er würde hundert Franken zahlen, falls innert zehn Minuten ein Striptease auftreten würde. Dabei hatte er vergessen, dass der damalige Beizer im Kleinbasel zwei entsprechende Lokale besass. Danach haben wir ihn wiederum ein halbes Jahr nicht mehr gesehen.

43
Der erste Morgestraich

Er war etwa acht Jahre alt, als er bei der Jungen Garde mit Trommeln begann, und er war einer der Kleinsten. Dies zu einer Zeit, in der die Instruktoren noch mit Herr Weiss, Herr Prack oder Herr Richard angesprochen werden mussten. Dann kam sein erster Morgestraich. Etwas gespenstisch kam es ihm schon vor mit diesen grossen Vorträblern des Stamms und der Runzle, die hektisch hin und her gingen, Kerzen in den Steckenlaternen anzündeten und den Jungen strikte Anweisungen gaben, dass sie in der Mitte des Vortrabes bleiben sollen, damit sie nicht verloren gingen. Dazu gehörte auch, ja keinen Zivilisten durch die Reihen durchzulassen, denn der BMG-Zug soll nicht durch umherirrende Zuschauer gestört werden. Der grosse Moment kam und er nahm seine Stäggeladäärne fest in die Hand. Langsam ging es voran und er fragte sich, ob dies nun jedes Jahr so sei.

Kurz nach dem Restaurant Schnabel, etwa dort, wo es Richtung Gerbergässli eng wurde, geschah es dann. Ein Zivilist! Mitten im BMG-Vortrab. Ein Skandal, etwas, das er doch unter allen Umständen hätte vermeiden sollen. Er fasste sich ein Herz, nahm seine Stäggeladäärne, die zwar nicht ganz so gross war wie diejenigen des Stamm, zog auf uns liess sie auf den Schädel dieses Fremdlings herunterdonnern. Stolz war er über sein getanes Werk. Doch die Freude war etwas getrübt, denn getroffen hatte er leider den Zugbegleiter der Jungen Garde.

44
S Kameel

An der Fasnacht 1972 hämmer in der BMG das prunkvoll Fescht, wo der Schah vo Persie abghalte het, uffs Korn gnoo. Bi de Vorberaitige isch emool d Idee uffkoo, s wär glatt, wemmen im Vortrab e Kameel kennt mitlaufe losse.
Kurz vor der Fasnacht kunnt der Niggi mit em Bricht, är haig e Kameel gfunden und erscht no e winterharts. Es koschti allerdings ebbis. Do stoot dr Kassier uff und sait: «Y kaas nit zaale. Wenn er e Kameel wänn, drnoo mien ers sälber blääche.» Do maint ain us der Rundi, me kennt jo Kameel-Aktie mache. Fimf Minute speeter het der Kassier ebbe dreyhundert Frangge in der Hand ghaa!
Am Fasnachtsmäänttig am halber zwai het die ganzi BMG uff das Kameel gwartet. Zää Minute speeter isch es denn mit sym Maischter, wo sich mit sym Auti verfaare het, der Spalebuggel durab koo. S het ganz braiti Fiess ghaa und isch erscht non e Männli gsi. Mer sinn gly druffaaben abmarschiert und guet voraa koo – bis in d Schnydergass – denn hets e Stoggig gää, will s Kameel nimm wytter gloffen isch. Der Bsitzer het ain vo de Vorträbler zwische die baide Hegger vo däm Drampeldier gsetzt, denn isch das Männli gloffe und gloffe bis zem Nachtässe. S het allewyyl Fasnachtsbändeli, Räbbli und ander Bapyyr gfrässe. Me het miessen uffbasse, dass es nit zvyyl gnoo het, wägem farbige Bapyyr. Vor em Muul hets Schuum ghaa, will das Manoggeli in der Brunscht gsi isch. Übernachtet het das Kameel bimene Mittwüchler in der Eulerstrooss. Är het in sym Garten en Art Stall yygrichtet und das Dier isch frey ummegloffe. S het männggen uss der Nochberschaft e bitz bleed in d Wält gluegt, wo uf aimool e Drampeldier ibere Haag giggelet het.

45
Napoléon

Es gibt Begebenheiten, die brennen sich auf immer und ewig in die Hirnrinde, die Seele, das Rückenmark oder das Herz. Egal. Einer dieser wertvollen Momente geschah an einem Morgestraich Mitte der 1970er-Jahre. Wie immer kamen wir nur in homöopathischen Dosierungen vorwärts. Im Gerbergässlein ging es dann endlich vorwärts. Doch nicht lange. Der Vortrab kam beim besten Willen nicht in die Gerbergasse. Zwischen den einzelnen Gruppierungen gab es keine Lücke. Es schien so, als wollten sämtliche Glygge und Ziigli gleichzeitig zum Seibi. Als Pfeifer in der ersten Reihe konnte ich vom Bastelladen Presser aus das Geschehen beobachten. Doch da … endlich die ersehnte Lücke, klein aber fein. Und dann traute ich meinen Augen nicht. Der kleinste Vorträbler rannte los und pflanzte sich breitbeinig mitten in der Gerbergasse auf. Die linke Hand in die Hüfte gestemmt, in der rechten Hand die Steckenlaterne der Jungen Garde. So stand er wie ein Fels in der Brandung und bremste die Spalen-Clique aus. Ein Bild für Götter! Als wir Pfeifer in die Gerbergasse einbogen, stand der Kleine immer noch da. Und ich sehe, wie die erste Reihe der Spale unserem wagemutigen Napoléon mit einer angedeuteten Verbeugung ihre Reverenz zu erweisen schien. Keiner zu klein, Napoléon zu sein – und Ehre, wem Ehre gebührt.

46
Der Stadtfest-Bierschock

Es war 1977, während der Zeit der Stadtfeste, als auch die BMG eine Beiz im grossen Zelt auf dem Barfüsserplatz betrieb. Das Warendepot der Festleitung befand sich oberhalb der damals noch vorhandenen Klagemauer, neben der grossen und breiten Steintreppe gegen das Café Huguenin hin. Die Nachschübler Karli und Hanspi liessen sich eine Anzahl Bierkisten aushändigen. Einer der beiden entdeckte einen dort stehenden Sackkarren, massiv aus Eisen, einer, wie ihn die Bierfuhrleute zum Transport von eben solchen Bierkisten verwenden. Mit einem innerlichen Hurra wurde der Karren mit fünf Kisten Bier beladen und das Gefährt an den Abhang gebracht. Auf der Treppe sassen einige Dutzend junge Leute und ahnten das Unheil nicht, das sich da über ihren Häuptern zusammenbraute. Langsam zogen die beiden Helden an – und dann ging alles blitzschnell! Der Karren war, zusammen mit dem geladenen Bier, natürlich viel zu schwer und auf der steilen Rampe niemals zu halten. Er schoss die ersten zwei Meter auf der Holzbahn nach unten, verliess dann diese und kam auf die Steinstufen. Darauf raste er wie eine Bombe mit Riesensprüngen die Treppe hinunter und zwischen dem malerischen Völklein hindurch, glücklicherweise ohne jemanden zu treffen.
Schlimmer dagegen erging es dem Bier. Die Flaschen zerschmetterten, etwa 70 an der Zahl, mit fürchterlichem und ohrenbetäubendem Klirren, Splittern und Krachen auf der Treppe. Eine ungeheure Woge von Schaum, vermischt mit Splittern, Flaschenböden, Scherben und Bügelverschlüssen tobte die Treppe hinunter.
Die Heiterkeit erreichte ihren Höhepunkt, als plötzlich am Fusse der Treppe ein wahrhaft unglaubliches Monster erschien, ein menschenähnliches Ding, von Kopf bis Fuss mit Senf verschmiert und über und über mit Wursthäuten, Papptellern und sonstigen Abfällen bedeckt. Es handelte sich dabei um einen armen Kerl, der zur Tatzeit

auf dem breiten Steingeländer der Barfüssertreppe ein Nickerchen gemacht hatte und, durch den fürchterlichen Krach erschreckt, prompt auf der Platzseite hinuntergeplumpst war. Zu seinem Glück oder auch Pech landete er nicht auf dem harten Boden, sondern in einem darunterstehenden berghoch gefüllten Abfallcontainer. Dies bescherte ihm zwar eine traumhaft weiche Landung, aber eben – der Senf! Der verhalf ihm nicht nur zu einem absolut einmaligen Kostüm, sondern auch zu einem für ihn völlig unfassbaren Heiterkeitserfolg.

47
Calvados, rezeptfrei!

Während Jahrzehnten durfte sich die BMG während des Cortège auf einen Marschhalt ganz besonderer Art freuen: den Apotheker-Halt. Trommelnder- und pfeifenderweise traf der Zug also vor besagtem Geschäft ein und nahm die Lokalität – einem Handstreich gleich – sofort in Beschlag. Man verteilte sich sowohl im Officin als auch im gesamten Treppenhaus, während der Hausherr – also unser Herr Doggter – sich daranmachte, nach allen Regeln der Apothekerkunst «Spiritus zu Rezepturzwecken» mit Apfelsaft zu mischen.

Der Calvados (AOC, notabene!) wurde herumgereicht und die Stimmung stieg ins Unermessliche. Es muss wohl nicht erwähnt werden, dass dieser legendäre Halt immer mal wieder seine Opfer forderte.

Als verbürgt gilt indes, dass es am Folgetag hin und wieder zu Irritationen unter dem Apothekenpersonal kam. Man (und damit ist namentlich der Wagen gemeint) liess es sich nämlich nicht nehmen, seiner Dankbarkeit auf eine besonders sinnvolle Weise Ausdruck zu verleihen: Man füllte die vielen Kästchen und Schublädchen der Apotheke – unter ausdrücklicher Wahrung der «Aut idem»-Verordnung – mit Däfeli vom Wagen.

48
Schritte im Dunkeln

Die älteren Semester unter uns werden sich noch an die Bühne im alten Küchlin-Variété-Theater, wie das Kiechli offiziell hiess, erinnern. Bevor das Kiechli zum Kino wurde, wurden auf der Bühne Theaterstücke und Variété-Programme geboten. Der Künstlereingang war hinten am Birsigparkplatz im Untergeschoss und führte über eine Holzrampe, über welche sogar Pferde hinaufgebracht werden konnten, direkt auf die Bühne. Auf und hinter der Bühne herrschte drangvolle Enge, musste sich doch die nachfolgende Clique direkt hinter dem Vorhang zwischen all den Kulissen und Soffittenzügen bereitstellen, damit beim Wechsel für die folgende Nummer keine Zeit verloren ging. Ganz vorne an der Rampe hatten sich einige Vorträbler mit Steckenlaternen aufzustellen. Da es beim Blackout der vorhergehenden Clique auf der Hinterbühne finster wie in einer Kuh war, ertasteten die Vorträbler den Vorhang, und sobald sie spürten, dass der Vorhang in die Höhe fuhr, mussten sie im Dunkeln fünf Schritte tun, um beim Aufblenden der Scheinwerfer am richtigen Ort zu stehen.
So auch am Drummeli vor etwa vierzig Jahren. Wir mit den Steckenlaternen warteten auf unseren Auftritt. Da – der Vorhang fuhr in die Höhe, wir nahmen unsere Position ein, plötzlich ein ungeheures Gerumpel und ein mehrstimmiger Schrei und dann eine gewaltige Unruhe im Publikum. Dem Bühnenmeister mochte etwas Ungutes schwanen; er schaltete das Licht an – und unser Freund Josy lag quer über den ersten drei Reihen des Publikums, im Kostüm und Larve nebst Steckenlaterne, welche relativ schwer und hart war und wohl einige Brillen heruntergeschlagen und Beulen an den Köpfen der Zuschauer verursacht hatte. Der arme Kerl hatte sich in der Aufregung verzählt und im Dunkel sechs anstatt fünf Schritte getan …

49
Schwarzmaler

«Schwarzmaler» hiess ein Sujet der BMG in den 1980er-Jahren. Der ganze Zug bestand aus schwarzen Kostümen, und die Pfeifer waren schwarze Vögel. Der Pfeiferinstruktor Urs, der nicht bei allen gleichermassen beliebt war, war bei der Sujetpräsentation abwesend. Ihm wurde grosszügigerweise im Lauf der Fasnachtsvorbereitungen angeboten, dass er als Lohn für seinen Einsatz während des ganzen Jahres den Prototyp des Kostüms erhalten würde, womit es ihm erspart wurde, eine Schneiderin zu suchen.
Am Fasnachtsmontag machte er sich am Nachmittag auf den Weg zum Cortège und kam kurz vor Abmarsch im Stammlokal, dem Löwenzorn, an. Mit seinem Prototyp-Kostüm. Was er allerdings bis dahin nicht wusste, war, dass er ein modifiziertes Kostüm anstelle seines Prototyps erhalten hatte, nicht in Schwarz, sondern in Hellblau. Selbstverständlich war er der Einzige im ganzen Zug mit einem hellblauen Vogel und er ärgerte sich während der ganzen Fasnacht masslos darüber.

50
Streiche, Streiche und ein bisschen trommeln

Meine Mutter pfiff, mein Vater pfiff und meine Schwester pfiff. Mein Vater war zudem Instruktor beim Stamm. Daher wusste ich schon bald, dass ich einmal Tambour werde! Und so begann ich 1979 mit weiteren acht Knaben in der Jungen Garde bei Karli zu trommeln – im Chambre des Grimaces im Löwenzorn, das mich enorm beeindruckte. Trotzdem waren andere Dinge in der Jungen Garde für mich viel wichtiger.

Wenn es darum ging, irgendwelche Streiche auszuhecken, war ich immer dabei. Passierte mal wieder etwas, dann fiel mein Name regelmässig. Natürlich gab es dann jeweils Schelte, und die Tatsache, dass mein Streich-Assistent auch noch gleich hiess, machte die Sache nicht einfacher. Tragisch war jeweils nur, dass ich stets unter Generalverdacht stand und mich rechtfertigen musste, auch wenn ich ausnahmsweise einmal unschuldig war.

Ach ja, Trommeln war auch noch ein Thema. Einige Male wurde ich am Mittwochabend früher nachhause geschickt, weil ich nicht geübt hatte und die Aufgaben nicht konnte. Mein Vater sass vor der Übung, die um 20 Uhr begann, jeweils am Stamm im Löwenzorn. Ich dachte, es mache sich nicht so gut, meinem Vater zu früh Hallo sagen zu müssen, und so verbrachte ich noch zehn Minuten in der kleinen Schissi neben dem Chambre des Grimaces. Um 19.50 düste ich am Stammtisch vorbei, grüsste kurz meinen Vater und meinte, es sei eine durchaus gute Übung gewesen. Ich wusste aber immer genau, wie der nächste Morgen ablief: Mein Vater machte Stimmung und meinte, er habe von Karli alles erfahren. Und so begann ich mich entgegen den Familienanweisungen halt wieder vermehrt dem zu widmen, womit ich einfach mehr Erfolge erzielen konnte – beim Mist anstellen.

51
Gsait isch gsait

Samstagabend vor der Fasnacht – Schlusssitzung. Die BMG sitzt im grossen Saal des aufwendig dekorierten Löwenzorns und bekommt die letzten Informationen zur Fasnacht. Wie immer ist die Stimmung gelöst. Dieser kann auch der strenge Hinweis des Präsidenten zur Disziplin nichts anhaben. Er spricht dabei das schnelle und vor allem pünktliche Einstehen nach einem Halt an. Die Route muss ja fliessen und die nur bedingt planbare, jedoch gut schweizerisch durchgetaktete Fasnacht verlangt nach Pünktlichkeit. Dieses Thema scheint dem Präsidenten wirklich wichtig zu sein. Sein Herzblut fliesst in Strömen. So lässt er sich zur Aussage hinreissen «… und wenn y ellai yystand!»
Määntig – Frau Fasnacht hat die Stadt endlich im Griff. Mit dem Morgestraich in den Knochen geht es ab auf die Route Richtung Kleinbasel. Dann der erste Halt in der Rheingasse beim Hotel Krafft. Die Mahnung zur Pünktlichkeit scheint zu wirken. Die BMG steht rechtzeitig ein. Alle sind da, Vorreiter, Vortrab, Requisit, Laterne, Pfeifer, Tambourmajor, Wagen. Alle – ausser die Tambouren. Hinter dem Major steht ein einsamer Trommler, der Herr Präsident. Der Tambourmajor gibt das Kommando, das Schaulaufen durch die Rheingasse beginnt. Die Pfeifer realisieren, dass irgendetwas nicht stimmt. Als sie nur einen BMGler hinter dem Tambourmajor sehen, können sie sich das Lachen kaum verkneifen. Dieser müht sich redlich mit nur selten gehörten Variationen zum Marsch Whisky Soda ab. Dann endlich die Erlösung. Auf Höhe der Fischerstube stehen links und rechts unsere Tambouren mit erhobenen Trommelschlegeln für unseren wackeren Musikanten Spalier. Es ist eine alte Erkenntnis, dass man gewisse Dinge in der BMG nicht ungestraft sagt. Der Präsident trug es mit Humor.

52
Achtung! Feuer frei!

Unsere jüngsten Tambouren hatten nicht wie alle anderen am Mittwoch-, sondern am Montagabend um 18 Uhr Trommelübung im Restaurant Löwenzorn. So befand ich mich, als Instruktor der Anfänger, eines Montagabends während der Adventszeit Ende der 1970er-Jahre auf dem Weg ins Cliquenlokal, als mir beim Gemsberg vom Löwenzorn herkommend ein Polizist mit leicht verzogener Miene und das Gesicht mit seiner Hand abwischend entgegentrat. Ich fragte ihn, ob alles in Ordnung sei. Nichts Schlimmes, erwiderte er, aber er musste eben ein paar Lausbuben im 2. Stock massregeln, weil sie ihn, er am Eck Spalenberg/Gemsberg stehend, um Taschendiebe zu beobachten, mit ihren Spuckrohren und Erbsen aus dem 2. Stock befeuerten. Ich entschuldigte mich bei ihm und hielt ihm ein Taschentuch hin, konnte mir natürlich ein Grinsen nicht verkneifen und dankte ihm, dass er nicht zurückgeschossen hatte. Worauf er brummelnd davonzottelte und sich wieder bei der Spalenburg hinstellte.

53
Die Birs

Heerebummel sind wunderbare Erlebnisse. Die Cliquenmitglieder verbringen einen strahlenden Sommer- oder Herbsttag, essen und trinken gemeinsam und sinken spät am Abend erschöpft, aber glücklich ins Bett. Für manch einen endet der Tag zwar etwas früher, so auch für den lieben Josy.
Der Ausflug führte nach einem gemeinsamen Grillieren in der Natur der Birs entlang. Dort lag ein alter Fussball, der umgehend den Spieltrieb bei den Teilnehmern auslöste. Unglücklicherweise landete der Ball nach kurzem Spiel in der Birs, jedoch nahe am Ufer. Josy beschloss, den Ball herauszufischen und hielt sich dazu an einem Ast, an einem dünnen Ast, leider. Jener gab umgehend nach und unser Freund landete im Bach. Um sich nicht zu erkälten, fuhr er darauf mit dem Taxi nach Hause. Seine Freundin, die gerade ihren Schönheitsschlaf abhielt, war über sein Auftauchen, nass, ohne ihren Regenschirm, den er über Mittag aus Versehen grilliert hatte, und über die hohen Taxikosten alles andere als erfreut, und die Begrüssung fiel ziemlich frostig aus.
Nach längeren Diskussionen entschloss er sich, wenigstens zum Nachtessen zu seinen Kameraden zurückzukehren, traf dort aber erst ein, als jene bereits beim Dessert angelangt waren.

54
Der Film

In der Zeit, als es noch das Drummeli im Kiechli gab, mit dem Eintrinken in der Kiechli-Klause statt dem Einpfeifen im Ballettsaal, hatte Hanspi eine revolutionäre Glanzidee für einen Auftritt.
Das Kiechli war ja auch ein Kino, und wir könnten deshalb einen Film drehen, mit dem wir unseren Auftritt aufzeichnen. Am Drummeli stehen wir nur vor die Leinwand und lassen den Film hinter uns abspielen. Das war etwas, das es auf diese Art damals noch nie gegeben hatte.
Stolz wurde das Projekt der Clique präsentiert, aber, oh weh, es begann eine unsägliche Diskussion. Vor allem ein paar gesetztere, konservativere Mitglieder waren entsetzt. Was denken die anderen Cliquen? Werden sie sagen, dass wir uns nicht mehr selbst auf die Bühne trauen, dass wir nicht mehr selber spielen und einen Marsch zur Darbietung bringen können? Auch allgemeine Bedenken wurden geäussert, das haben wir noch nie gemacht, man zeigt sich in einem anständigen Charivari, das ist unsere Tradition und nicht so neuartiger Firlefanz.
Die Abstimmung endete, wie nach den Voten zu fürchten war, und anstelle eines Films wurde beschlossen, einen Marsch aus dem Repertoire im Charivari darzubieten – wobei betont wurde, dass wir das beste Charivari Basels zeigen würden.

55
Rollmops und Damoklesschwert

Es war in der Zeit, als im Löwenzorn die Rollmöpse fliegen lernten. «Ich wette, dass du diesen Rollmops nicht bis an die Restaurantdecke hebeln kannst!» Hebeln nennt sich das Schleudern mittels Schlag aufs Handgelenk, auf dessen Rücken der Rollmops gelegt wird.
Auf einmal, von einem gellenden Juupii begleitet, klebte der erste Rollmops flach an der Decke, der zweite folgte und der dritte war oben und löste sich sogleich wieder.
Nun war es wieder einmal so weit, die Stimmung stieg, die Rollmöpse flogen, und bald klebte einer an der Decke, genau oberhalb eines Stuhls am Stammtisch. Eingedenk der Gefährlichkeit dieses Sitzplatzes vermied es jedermann tunlichst, auf diesem Stuhl Platz zu nehmen. Man wusste ja nie, wie lange der Rollmops oben blieb und wann er plötzlich herunterplumpste.
Da trat der damalige Trommelinstruktor Marcel an den Stammtisch und setzte sich auf den einzigen wohlweislich frei gebliebenen Platz. Marcel war ein untersetzter Mann mit einer ausgeprägten Vollglatze. Alle am Tisch harrten voller Vorfreude auf die Dinge, die da kommen sollten.
Marcel sass völlig ahnungslos auf seinem heissen Stuhl genau unter dem an der Decke klebenden Rollmops. Die Spannung wuchs und wuchs – fällt er oder fällt er nicht? Und wirklich, plötzlich löste sich die eine Seite des Rollmopses, und er klebte nur noch mit einem winzigen Teil an der Decke. Jedermann wartete voller Spannung und Vorfreude auf das nun Unvermeidliche.
Da erhob sich Marcel, um auf die Toilette zu gehen. Und er hatte sich noch keine zwei Meter vom Tisch entfernt, da klatschte es und der Rollmops klebte auf der Sitzfläche seines Stuhls.

Wenn auch alle lebhaft bedauerten, dass Marcel zwei Sekunden zu früh aufgestanden war, waren das Freudengebrüll und das Gelächter doch immens …

56
Ohne Hosen im Frauenkloster

Es war etwa um 1980 herum, als die BMG wieder einmal am Pfifferdaj in Ribeauvillé teilnahm, und zwar in den Stänzlern. Die Umzugsteilnehmer wurden im Couvent des Sœurs de la Divine Providence, also im Kloster der Schwestern der Göttlichen Vorsehung, verpflegt. Nun geschah es, dass unserem Fähnrich die Gabel hinunterfiel und er sich bückte, um sie aufzuheben. Da knallte und ratschte es hinten, und er hatte plötzlich viel mehr Platz in der Hose. Ein Kontrollgriff bestätigte seine schlimmste Befürchtung: Vom Hosenladen unten durch bis hinten hoch zum Hosenbund klaffte ein offener Riss.
Nun war guter Rat teuer. Mit einem klaffenden Hosenboden konnte er unmöglich am Umzug teilnehmen, schon gar nicht vorne als Fähnrich. Nun, dachte er, es wird im Hause wohl irgendeine Nadel und einen Faden geben, und so erkundigte er sich bei der Priorin zaghaft nach einem Nähzeug, damit er seine Hosen notdürftig zusammenflicken könne.
Schwester Priorin rief: «Zeiget emool, Monsieur», und hob zum Gaudium aller Anwesenden die Schwalbenschwänze der Uniform hoch, um den Schaden zu begutachten (gottlob trug unser Fähnrich Unterhosen!) «Kemmet emool mit, Monsieur», und dann begab sie sich mit dem «Opfer der geplatzten Naht» treppauf in ihre Klosterzelle, worin ein Bett, ein Tisch, ein Stuhl und ein Betschemel standen und ein grosses Kruzifix an der Wand hing. «Sitze Si ufs Bett und zien Si d Hose ab!» Unser Fähnrich zögerte etwas. «Kai Angscht, y machene nyt!» Schwester Priorin nahm die Hose, setzte sich ans Fenster und hub an, mit Nadel und Faden zu hantieren, derweil unser Fähnrich in den Unterhosen mit knallroten Ohren auf der Bettkante sass und sich furchtbar schämte.

So, voilà, Monsieur, und Schwester Priorin brachte die Hose zurück, tadellos repariert, man sah überhaupt keine Schadenstelle mehr. Mit den geflickten Hosen fühlte sich unser Fähnrich wieder viel wohler, und er konnte sich wieder vor den Leuten sehen lassen. Auf die Frage nach seiner Schuldigkeit erklärte die Schwester, das sei schon in Ordnung, und sie wollte absolut nichts. Nun ja, so berücksichtigte unser Fähnrich halt den Opferstock in der Klosterkirche. Wie heisst das Sprichwort? Wer den Schaden hat, spottet jeder Beschreibung, oder so ähnlich. Jedenfalls verlief der nachfolgende Umzug besonders segensreich …

57
Feuerschein und Regenguss

Fasnacht 1981, Sujet: «Papa Mobile». An dieser Fasnacht persiflierten wir die jäh ausgebrochene Reiselust des drei Jahre zuvor inthronisierten neuen Papstes Johannes Paul II. Es war eine bis dahin noch nie dagewesene Neuigkeit; denn seine Vorgänger pflegten den Vatikan höchst selten, praktisch nie, zu verlassen.
Nun denn, unser von Fredy Prack entworfene Zug war wirklich ein Juwel, im wahrsten Sinne des Wortes ein Jahrhundertzug! Alle Zugsteilnehmer waren prächtig gekleidete Bischöfe in wallenden Gewändern und mit Mitren auf dem Haupt. Angesichts der fernen Reiseziele Seiner Heiligkeit gab es europäische Bischöfe, schwarze Bischöfe in von Stammeskleidung inspirierten Gewändern, es gab chinesische Bischöfe in wunderschönen Brokatgewändern und mit langen Zöpfen, und natürlich auch indianische Bischöfe mit prächtigem Federschmuck – alles natürlich mitsamt den Mitren. Als Besonderheit war in den Mitren eine Kerze montiert. Beim abendlichen Umgang nach dem Nachtessen wurden diese Kerzen angezündet, und der prachtvoll erleuchtete Zug entlockte dem Publikum manches Ah und Oh – der Zug erleuchteter Bischöfe war die Attraktion der Fasnacht, denn es herrschte während der ganzen Fasnacht schönes und trockenes Wetter.
Nun darf vor lauter Schönheit und Pracht auch der Spass nicht zu kurz kommen. Unser Freund Roger bastelte zu Hause etliche kleine Lagerfeuerchen, und anlässlich unserer Pausen während des Cortège tanzten die Indianer unter Tamtam-Klängen und indianischen Gesängen um das Lagerfeuer.

Am Mittwochabend machten wir einen Halt auf dem Marktplatz. Das obligate Lagerfeuerchen wurde entzündet, die Tambouren setzten sich im Kreise drum herum und hoben an, pam – bom – bom – bom, pam – bom – bom – bom, einen Indianertanz zu schlagen, die Indianer begannen, ums Feuer zu tanzen – prompt begann es zu regnen! Zuerst ein paar Tropfen, dann immer stärker. So tanzten unsere Indianer im Regen. Das Tüpfelchen auf dem i war, dass es nach Beendigung des Regentanzes tatsächlich aufhörte zu regnen und dann während des ganzen weiteren Abends trockenes Wetter herrschte …

58
Wer andern eine…

Es war einer jener sagenumwobenen Stänzlerausflüge, die – wenn man es genau nimmt – immer gleich ablaufen: Die BMG stürzt sich ins Festgewand, fährt irgendwohin, tut dort das, was sie am besten kann, und fährt danach frohen Mutes wieder heim. Als oberstes Gebot gilt seit jeher: «Behalte dir deine Hose sauber!»
Aber so gleich diese Ausflüge auch sind, so facettenreich und vielfältig sind die Geschichten, die sich um diese Reisen immer wieder bilden. So geschehen an eben diesem eingangs erwähnten Anlass, bei dem sich in der Mittagspause – es gab standesgemäss Wurst, Brot und Bier (e Waldfescht [sic!]) – die Stänzler bei prächtigem Sonnenschein für den bevorstehenden Umzug stärkten. Man stand beisammen, ass seinen Klöpfer, trank sein Bier und erfreute sich des Lebens.
Da ist einem aufmerksamen BMGler eine dieser kleinen Senftuben, die zur Wurst gereicht worden waren, ins Auge gestochen, die ungebraucht und -beachtet am Boden lag. Er war der Physik – insbesondere der Hydrodynamik – mächtig und wollte mit einem gezielten Fusstritt einen danebenstehenden Kameraden in textile Bedrängnis bringen. Er fasste sich also Mut, nahm noch einen kräftigen Schluck aus seinem Rugeli und trat beherzt auf die Senftube. Was nun geschah, war so nicht vorhersehbar. Die Tube tat zwar das, was man von ihr erwarten durfte: Sie öffnete unter der Krafteinwirkung ihren Schraubdeckel und entleerte mit einem hässlichen Schmatzen ihren gelben Inhalt auf die bis anhin tadellos weisse Stänzlerhose. Allerdings nicht ohne sich vorher um 90 Grad nach oben zu biegen. So ganz nach dem Motto «Wer andern eine…»

59
Zähner-Schnäpsli

Fasnachtsdienstag, das Anggeschnitteziigli war wieder unterwegs. Nach dem traditionellen Ständeli im Blindenheim ging es Richtung Dalbe und dort ins St. Alban-Stübli zur noch traditionelleren Anggeschnitte. Frisch gestärkt zogen wir zwölf Pfeifer wieder in die Stadt, über den Münsterplatz in die Martinsgasse. Dort stand ein sonst verschlossenes Tor offen und wir liessen uns diese Gelegenheit nicht entgehen. Wir gässelten um die Grünfläche im Innenhof – bis ein Fenster hoch oben aufging, Geld niederprasselte und ein Mann rief: «Se do, göön ain go suffe!» Gut erzogen, wie BMGler sind, bedankten wir uns launig und sammelten die Münzen ein – es waren gut drei Franken. Wieder in der Martinsgasse entschlossen wir uns, dem edlen Spender im Restaurant Schlüssel Folge zu leisten. Wir fanden Platz am zentralen Tisch. René hatte dann die Eingebung, für uns je ein Zähner-Schnäpsli zu bestellen. Gesagt, getan. Kurz darauf stand je ein sehr gut eingeschenktes Glas vor uns. Die Stimmung war entsprechend. «Frailain, zaale!» René war mit dem Martinsgasse-Geld voll in seinem Element. Madame kam und nannte ihm die Summe. Renés Gesicht entgleiste kurz – dann stand er auf und ging langsam und in Gedanken versunken zur Bar, wo er bezahlte. Erst beim Abendessen sagte er uns, was die Zähner-Schnäpsli gekostet haben. René hatte nicht bedacht, dass sich die Zeiten ändern können … Statt wie einst je zehn Santym kosteten unsere Zähner-Schnäpsli nun zehn Franken! Das war in den 1970er-Jahren natürlich viel Geld. Schön, dass René am meisten über seinen Irrtum lachen konnte.

60
Rache ist süss!

Es war an einem Fasnachtsmontag im Jahr 1981, als ich nach dem Zvierihalt an der Riehentorstrasse meinem obligaten Drang nach etwas Süssem und einem Schnäpschen nachging und deshalb unseren Wagen aufsuchte. Mein Trommelkollege Markus war während des Halts auf den Wagen geklettert und so erhoffte ich mir von meinem Freund eine Extraportion Schoggistängeli und Eierlikör. Mein Maul voller Erwartung weit aufgerissen, stopfte er mir stattdessen eine Ladung Räppli ins Maul und lachte dabei hämisch. Nachdem ich alle Räppli wieder ausgespuckt hatte, schwor ich bittersüsse Rache – die Gelegenheit liess nicht lange auf sich warten. Denn am Strassenrand stand die Schwester eines BMGlers mit ihrem Rauhaardackel und fütterte ihn mit getrockneten Fischstückchen. Ich schnappte mir ein besonders grosses Stück davon, griff heimlich zu Markus' Larve und stopfte es in das Innere der Nase. Beim nächsten Umgang reihte ich mich genüsslich in die hinterste Reihe der Tambouren ein, mit grosser Neugier, wie Markus wohl reagieren wird. Kaum sind wir auf den Wettsteinplatz eingebogen, fing das wilde Gefuchtel bei Markus an. Immer wieder zog er seine Larve ab, ging in der Formation von Tambour zu Tambour, schnüffelte an ihnen und fragte, ob denn ihre Larven auch nach Fisch stinken würden – allenfalls sei ja der Fischkleister schlecht geworden? Über die ganze Wettsteinbrücke ging das Gefuchtel und alsbald das Donnerwetter von Markus weiter, kein Schütteln und Lüften half – die Larve stank nach Fisch! Als er dann beim nächsten Halt mein breites Grinsen sah, war die Sache klar! Rache ist süss – und bei einem gemeinsamen Bier schnell wieder vergessen.

61
«Ihr Arschlöcher!»

Früher waren die Generalversammlungen der BMG noch Grossanlässe, welche punkto Zeitbudget, Dramaturgie und Emotionen an die Mobilisierung der 11. Panzerbrigade erinnerten. Es wurde debattiert, abgewogen, überzeugt, abgestimmt, viel geraucht und Bier getrunken, und oft wurde dasselbe mehrfach gesagt.
Auch an dieser Generalversammlung war schon alles gesagt worden. Mehrfach. Und als keiner mehr etwas hinzufügen wusste, stand unser Herr Doggter auf und sagte trocken: «Sehr geehrter Herr Präsident, liebe BMGler. Ich wollte eigentlich nur erwähnen, dass man sich heutzutage viel zu selten ‹Arschloch› sagt, ihr Arschlöcher! Ich habe geschlossen.»
Damit war dann wirklich alles gesagt und der Präsident konnte die Sitzung schliessen. Gab es je ein träferes Schlusswort?

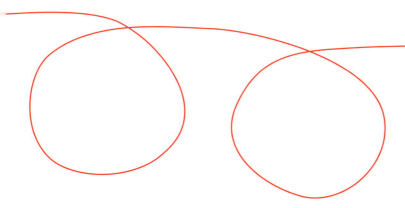

62
Wenn s Fasnachtsfieber «brennt»

An dr Bäumligass han y zämme mit em Heidi mängg Joor gwoont. S isch dr Sunntig vor em Morgestraich gsi. Mr hän s «Ladärne-Ypfyffe» vo de verschidene Clique und de glaine Züügli in dr Stadt gnosse und sin denn bezyte haim. In dr Wohnig isch alles poetisch parat glääge für an Morgestraich z goo: Drummle, Larve, Kopf- und Stäggeladärne, Gostüm etc. So um die 10i sin mr ins Bett. Wo mr s Liecht abglöscht hän und s dunggel wie innere Kueh worde isch, seen mr ass dr Himmel ganz rot gfärbt isch. S het usgseh, wies brenne würd. Y bi grad ans Telefon und ha dr Füürwehr aaglüte.
Ungwönlig lang han y miesse warte bis uff dr andere Syte vom Telefon öbber abgnoo het mit: «Füüürrweeer», e Männerstimm immene braite Landschäftler-Dialäggt. Y ha mi agmäldet mit Name und Adräss und gsait, ass es vo uns us usgseet, wie dört wo dr Bankverain brennt het. Uffallend gmietlig sait dä Fürweermaa: «Joo, mr schickched öbberd vrbii.» Das het mi skeptisch wärde loo. Aigentlig han y erwartet, är würd sage: «Mr wüüses scho, dr Löschzug isch unterwäggs.»
Schnäll sin mr wider in d Klaider gschtiige, d Stääge abegsegglet, d Bäumligass uff und ins Luftgässli iine. Dört han y denn scho gmerggt, ass mr ys gwaltig tüscht hän. S isch näblig gsi und vo dr Nationalbank hän orangschi Schynwärfer dr Umbau vom Antyggemuseum stargg aagschtraalt. D Mischig vo Näbel und däm orangsche Liecht het zämme am dunggle Nachthimmel usgsee, wies wurd brenne. Mr sin an Dalbe-Grabe füre ko, vor ys s gross Gebäude vom Bankverain rächts d Kreditanstalt. Meereri Blauliecht vom grosse Löschzug und vo dr Polizei hän gfungglet. Alli die Faarzüg sin halbwäggs uff em Trottoir vom Bankverain gstande. Fürweermänner sin ummegrennt und hän mit meterlange Taschelampe dr Bankverain und d Kreditaastalt aaglüchtet und abgsuecht wo das Füür könnti sy. Kaini andere Lüt – kaini Gaffer – numme mir zwai.

Ganz glai sin mr worde und hän gruefe: «Doo ... mir sins gsi.» Zwei Füürweermänner in voller Uniform und Helm sin zue ys aanegrennt und hänn welle by uns dehaim go luege was mir denn vom Bett us solle gseh ha. Mr sin mit iine in unseri Woonig zrugg, dur d Goschtüm, Drummle, Stäggeladärne, Larve etc. Aigentlig hätte die miesse in ihre füllige Uniforme ufs Bett liige, s Liecht ablösche und zem Fänschter uuse luege, so wie mir die Sicht ka hän. Das hän die aber nit gmacht.
Si hän aifach gschmunzlet und gsait: «Mr wünsche euch e gueti Nacht und e schöne Morgestraich.»

63
Der Düsenfäger

Drummeli-Auftritt im Kiechli. Der Düsenfäger sollte dem geneigten Publikum dargeboten werden. Mit allem Drum und Dran. Da durfte natürlich ein Düsenfäger-mässiger Nebel nicht fehlen. Und durch gut eingespielte Beziehungen zum Stadttheater konnte auch eine Nebelmaschine aufgetrieben werden. «Muesch s Ventil e halbi Minute uffmache – das länggt!» lautete die kurze und klare Instruktion des Requisiteurs. Und schon stand der Auftritt bevor.
Gespannt positionierten sich die BMG-Tambouren auf der Bühne, während das Publikum in froher Erwartung die Blicke auf die Protagonisten heftete. In dem Moment wurde das Ventil geöffnet. Einem Tsunami gleich erhob sich eine Welle wabernden Nebels von hinten über die Köpfe der Tambouren und ergoss sich in den Zuschauerraum. Dann wurde getrommelt.
Was danach geschah, muss man mit eigenen Augen gesehen haben: Die Tambouren machten den Düsenfäger in realistischer Umgebung. Nämlich über den Wolken. Ihr Blick schweifte über ein Nebelmeer, aus dem sich hie und da ein Kopf erhob, um gleich danach wieder darin zu verschwinden. Ein paar misstrauische Zuschauer wollten wohl sichergehen, dass da vorne auf der Bühne tatsächlich Betrieb herrschte. Der Nebel war übrigens so dicht, dass auch die beiden folgenden Programmpunkte dieses unvergesslichen Abends ihres visuellen Reizes beraubt wurden.

Chronik
1983–2007

In den 1980er-Jahren wandelt sich die Fasnacht. Seit der Gründung des Charivari spriessen Vorfasnachtsveranstaltungen aus dem Boden und es werden Trommel- und Pfeifergruppen sowie Schnitzelbängge gegründet, die alle weder mit dem Fasnachts- oder Schnitzelbangg-Comité zu tun haben, noch die Traditionen der Stammcliquen weiterführen wollen. Gleichzeitig mit diesen musikalisch oft hervorragenden Gruppen entstehen neue oft anspruchsvolle Märsche, die der Fasnachtsmusik einen Energieschub verleihen. Sujets werden zu durchgestalteten und aufwendigen Gesamtkunstwerken von Profigrafikern.
Die BMG experimentiert ebenfalls mit neuen Darstellungsformen, mit geklebten, genähten oder dreieckigen Laternen und bestreitet den Cortège zusammen mit der Guggemuusig Fuegefääger. Das musikalische Niveau wird stark angehoben und für die Stänzler wird ein zweites Repertoire einstudiert, damit sie an Umzügen mit Marschmusiktempo mithalten können. Ab den 1990er-Jahren ist die BMG regelmässig Gast am Festumzug des Münchner Oktoberfestes.

64
Die Registrierkasse

Jahr für Jahr fand das interne Preistrommeln und -pfeifen der Jungen Garde im Löwenzorn statt. Während im Restaurant die Konkurrenten der Einzel- und Gruppenwettbewerbe auf der Bühne standen, mussten diejenigen, die den Wettbewerb schon absolviert hatten, sich oft stundenlang in den anderen Räumen die Zeit vertreiben oder totschlagen.
Auf der Kegelbahn, die sich in jener Zeit hinter dem grossen Saal befand, stand eine wunderschöne, alte Registrierkasse, mit Tasten, die für die Rappen- und Frankenbeträge gedrückt werden mussten, ähnlich wie bei den alten Hermes-Baby Schreibmaschinen. Zuoberst besass sie ein Glasfenster, in welcher der Endbetrag mit einzelnen Ziffern angezeigt wurde. Ein Faszinosum für die technikbegeisterten Knaben, die unbedingt herausfinden wollten, wie ein solches Gerät genau funktioniert. Sorgfältig untersuchten sie die Kasse, öffneten sie und begannen, die Funktionsweise zu untersuchen. Irgendwann kam jemand auf die Idee, das Ding aufzuschrauben, damit die Mechanik besser betrachtet werden konnte. Bis zur Preisverleihung am Internen war das Ganze so weit fortgeschritten, dass die Registrierkasse fein säuberlich zerlegt war, aber niemand eine Ahnung hatte, wie man die zahllosen Schräublein, Federn, Metallstangen oder Ziffern wieder zu einer Registrierkasse zusammensetzen konnte. Still schlichen sich die jungen «Ingenieure» davon, in der Hoffnung, dass niemand ihre Arbeit entdecken würde. Der tobende Beizer allerdings liess den Schluss zu, dass sie mit ihrer Annahme falsch lagen.

65
Der Bus

Junge gelten ja als hilfsbereit, vor allem in einer Jungen Garde. So war es auch auf der 75-Jahr-Jubiläumsreise der Jungen Garde zum Musée International du Carnaval et du Masque nach Binche in Belgien beim ersten Halt in Sélestat. Kurz vor der Wiederabfahrt mit dem Bus sahen einige Knaben, dass ein Ehepaar mit seinem relativ alten Peugeot-Kastenwagen stehen geblieben war und nicht mehr fahren konnte. Spontan rannten sie auf die Strasse, um diese beiden aus ihrer misslichen Lage zu befreien. Gemeinsam wurde das Auto angeschoben, bis es mitten auf der nächsten Kreuzung stand. Dort angekommen, rannten alle zurück zum BMG-Bus und liessen das noch immer unglückliche Ehepaar auf der Kreuzung stehen … Und wir setzten unsere Reise fort.

66
Binche

Auf der 75-Jahr-Jubiläumsreise nach Binche, zum berühmten Musée International du Carnaval et du Masque, wurde die Junge Garde von einigen Helfern des Stamms begleitet. Bei der Organisation der Reise half massgeblich Willy mit, der beim TCS arbeitete und auf dessen Reisebüro man zurückgreifen konnte.

Als einer der Höhepunkte, nebst dem Fasnachtsmuseum, war eine Besichtigung des Opel-Werkes in Rüsselsheim vorgesehen. Das Werk war seinerzeit eines der modernsten in Europa, mit den ersten Montagerobotern, computergesteuerten Lagerhallen und automatisierten Strassen, auf denen die einzelnen Teile der Fahrzeuge zusammengeführt wurden. Für die Knaben der Jungen Garde war dies ein einmaliges Erlebnis und sie bestaunten während der längeren Führung dieses Wunder der Technik.

Am Ende des Rundgangs fragte der Führer, ob denn noch jemand eine Frage habe. Philippe, einer der kleinsten, aber auch vorwitzigsten Teilnehmer, hob die Hand. Unschuldig fragte er unseren Opel-Führer «Finden Sie nicht auch, dass Subaru eigentlich besser sind?» Es ist nicht genau überliefert, ob der Führer den Basler Dialekt nicht verstanden hatte und die Antwort nicht wusste, auf jeden Fall blieb er stumm. Dagegen bekam unser Willy, der Reiseorganisator, plötzlich einen sehr roten Kopf und war für den Rest des Tages nicht mehr gut gelaunt.

67
Das 120er-Fest

Kurz nach dem etwas steifen Jubiläumsakt zum 75-Jahr-Jubiläum der BMG beschlossen vier Mitglieder, ihre 30. Geburtstage zusammen als 120er-Fest zu feiern. Die Idee von Hans, Felix, Hanspi und Felix war, eine Persiflage auf den Jubiläumsanlass zu veranstalten. So wurde für den Festakt die Musikschule gemietet, ein Buch über die vier herausgegeben, das allerdings nur erfundene Geschichten enthielt, und das Festessen fand anschliessend ebenfalls im Löwenzorn statt. Hochgenommen wurden die Reden des Jubiläumsaktes sowie das Geschenk der Ehefrauen, welche der BMG eine Stammtischuhr geschenkt hatten, wohl mit dem Hintergedanken, dass ihre Männer am Mittwoch jeweils früher nach Hause kommen würden. Das Fest war ein grosser Erfolg, auch wenn einige BMGler etwas säuerlich auf die Persiflage reagierten.

Das Restaurant Löwenzorn war festlich gedeckt, und auf jedem Tisch stand als Dekoration eine Tischbombe. Wie wenn es abgesprochen gewesen wäre, juckte es einige, endlich die Tischbombe zu zünden, und praktisch zeitgleich wurde dies dann an beinahe allen Tischen umgesetzt. Was die Gäste jedoch nicht ahnen konnten, war der Umstand, dass die Bomben mit Vogelfedern gefüllt waren. Ebenso ging unter, dass zu jener Zeit das Essen bereits serviert worden war. So nahm das Verhängnis seinen Lauf. Zwar entstand mit den umherfliegenden Federn ein schönes, stimmungsvolles Bild im ganzen Restaurant, doch reichte es den meisten Gästen nicht, vor dem Landen der Federn die Teller wegzuziehen oder wenigstens zu schützen. Dass auch der Beizer ob der Schweinerei wenig erbaut war, versteht sich von selbst.

68
Der Instruktor

Nicht jeder Instruktor der BMG hatte ein glückliches Händchen bei der Ausübung seines zugegebenermassen nicht immer einfachen Jobs. Bei Amtsantritt zu verkünden, niemals einen Stänzler zu tragen und an keinen Stänzler-Ausflügen teilzunehmen, war auch vor über dreissig Jahren wohl nicht die allerbeste Idee und hat zusammen mit einem missglückten Drummeli-Auftritt mit dem Piccolomini zu einem kurzen Engagement geführt.
In Erinnerung bleibt aber vor allem seine Hochzeit mit der Tochter eines legendären BMGlers im Bottminger Schloss. Aus Spargründen wurden nur die Pfeifer zu einem Ständeli eingeladen. Flugs wurden für diesen Auftritt von zwei Pfeifern Papiernasen hergestellt, und der Auftritt fand, zum Gaudi eines Teils der Gäste mit Pappnasen, Tschako, Gamaschen und Lederzeug, aber ohne Stänzleruniformen in Zivil statt.
Anschliessend wurden die Pfeifer mit «Ihr könnt noch etwas trinken» in einen kleinen Raum im Parterre geschickt, der dem Bügelzimmer des Restaurants glich. Die Pfeifer liessen sich die Weinkarte bringen, wählten daraus einen der besten Weissweine und fanden, dazu passe eine Platte mit Fleisch und Käse, die kurz darauf serviert wurde. Im Verlauf des Abends trank die vereinigte Schar von neun Pfeifern bestimmt elf Flaschen dieses köstlichen Weissweins, zum Wohl und vor allem auf Kosten des Instruktors, der danach nie ein Wort über jenen fidelen Abend verlor.

69
... dr Mönch in dr Brötlibar

Me ka an dr Fasnacht au magischi Momänt erläbe, wenn me d Antenne drzue het.
E sone glungeni Situation hani ammene Fasnachtszyschtig zoobe bymene Halt in dr Brötlibar mitgriegt. Per Zuefall bini mit keim vo unserer Clique dört inne gsi. Kaine hani kennt. S het sich denn aifach eso breicht, dass i näbeneme richtige Mönch z stoh ko bi und mr hän is gly emol in e Gspröch verwigglet. Über «Gott und die Welt» hämmer gschwätzt. Denn hani en gfrogt, wo gnau är här kunnt. Vo Mariastai syg er und kämi jedes Joor do an d Fasnacht. Für ihn syg die Fasnacht z Basel ganz ydrügglig und wichtig. E gueti halb Stund isch umme gsi, denn het er gseit, dass er jetzt goh miess, er miess uf d Heuwoog uffs Birsigtalbähnli um no Mariastai zrugg z koo. I bi vo däm spezielle Zämmeträffe e bitz uffgwiehlt gsi. Ha denn e kurze Momänt spöter gfunde, dass em doch no will nocheluege wie är in synere Kutte dusse uf dr Stroos durs wildi Fasnachtstrybe Richtig Steinevorstadt schländeret. I bi vor d Brötlibar gstande und ha verstuunt gseh wie är e Drummle nimmt und se aaschnallt, d Larve vor s Gsicht, d Kapuze drüber, d Schlegel in d Händ und gekonnt heuwoogwärts drvo ruesst. Dä het mi grossartig und in beschter fasnächtliger Art ufs Glattys gleggt gha. Nie mee hani dä Mönch an ere Fasnacht aadroffe.

70
Paul Brülhart und die Handorgel

Eines schönen Tages stand in der Gaststube des Löwenzorns ein Klavier. Unser Beizer Paul erklärte, er wolle nun die Gäste unterhalten und habe zu diesem Zweck Klavier spielen gelernt. Wir zweifelten offenbar etwas zu offensichtlich, denn Paul setzte sich ans Klavier und hub an, konzertante Weisen zu spielen. Bald merkte der eine oder andere, dass Pauls Tastengriffe nicht mit der Melodie übereinstimmten. Warum? Es handelte sich um ein automatisches Klavier, das seine Melodien mit Hilfe einer Musikkassette abspielte. Der Applaus für diese Idee war Paul gewiss.
Nun, nach einiger Zeit verschwand das Klavier, da der Reiz des Neuen vergangen war. Eines Tages in der Vorfasnachtszeit präsentierte Paul ein Akkordeon, dem er rassige Musetteklänge entlockte. Die BMGler merkten bald, dass es sich auch beim Akkordeon um ein tonbandgespiesenes Gerät handelte. Den anderen Gästen aber gefiel des Beizers Unterhaltungsprogramm, und selbstverständlich hielten wir unseren Mund, um Paul die Show nicht zu stehlen.
Am Fasnachtsmittwoch beim Nachtessen spielte Paul wieder mit der Handorgel auf. Sie stand neben dem Buffet bereit, da er warten musste, bis gerade keine Schnitzelbänggler am Singen waren. Zufälligerweise entdeckten wir im Chambre des Grimaces das abgestellte Örgeli einer stadtbekannten Schnitzelbankgruppe, die gerade am Essen und Durstlöschen war. Dieses Örgeli war eine Attrappe und lief auch mit einer Kassette. Ein kurzes Gespräch mit den Sängern, ein Kopfnicken und ein Grinsen, und schon wartete die Kassette darauf, in die Handorgel geschmuggelt zu werden.
Nach gelungener Aktion wurde Paul aufgefordert, nun endlich mit der Handorgel einen zum Besten zu geben. Er liess sich überreden,

schnallte das Akkordeon an und zog den Balg auf – und schon ertönte die Drehorgel-Schnitzelbankmelodie. Paul bekam einen roten Kopf, erntete aber ein Riesengelächter und einen gewaltigen Applaus. Er trug sein Schicksal mit Fassung und lachte dann selber am meisten. Aber seither war es fertig mit seiner «Live-Musik».

71
Schaumschlägerei

Gerade erst als kleiner Binggis der BMG beigetreten, ging es für mich in das erste Lager der Jungen Garde, nur unweit der Ruine Dorneck. Etwas mulmig war mir ja schon, so ganz ohne Eltern, in einem Lagerhaus mitten im dunklen Wald und dann erst noch mit Kindern, die ich kaum kannte. Mein mulmiges Gefühl wich ganz schnell der freudigen Erkenntnis, von Lausebengeln gleichen Kalibers umgeben zu sein. Kaum waren die Eltern weg, brach das Chaos aus und die Cliquenhelfer hatten alle Hände voll zu tun, unserem (Selbst-)Zerstörungstrieb Einhalt zu gebieten. Eingeteilt wurden wir in zwei Zimmern, die Grossen von den Kleinen getrennt, gleich nebeneinander. Die Hackordnung innerhalb der Zimmer stellten wir selber her. Das geht bei Kindern fix und schmerzlos – glauben zumindest die Erwachsenen.
An Schlaf am Abend, so weit weg vom Einfluss der elterlichen Erziehungsgewalt, war natürlich nicht zu denken. Mehr oder minder ausgereifte Schlachtpläne, das gegnerische Zimmer zu stürmen, zu verwüsten und zu erobern, wurden unüberlegt umgesetzt, abgewehrt und zum Gegenangriff angesetzt. Was mir bleibt, ist nur noch die Erinnerung an die finale, tumultartige Szene im epischen Kampf David gegen Goliath und ein Feuerlöscher in den Händen der Kinder. Irgendwann erlöste uns einer und schrie das längt überfällige «Feeeeeiiigling, drück doch!!!». Nun, das Holztäfer im Gang war hinüber, die Nerven der Lagerleitung ebenfalls und unser letzter Besuch in der Pfadihütte damit besiegelt. Wer nun wirklich den Knopf des Feuerlöschers gedrückt hat und für die Schaumschlägerei verantwortlich ist, darüber bricht auch heute noch – 30 Jahre später – Streit unter den involvierten Lausebengeln aus.

72
Von Eiern und Caramelköpfli

Mit 16 Jahren wusste ich, dass Cleverness ein wichtiger Faktor beim Streiche spielen ist. Beim Göttihalt mit der ganzen Clique im Café Spitz, jeweils am Fasnachtsmittwoch, bekam jeder Junge einen Götti vom Stamm zugewiesen. Der bezahlte dann zwei Cola, ein Stück Tiroler Cake, ein Citro, einen Bananen-Split und zwei Stück Linzertorte – und auf Wunsch auch noch mehr. Das war schon echt nett! Die BMG mit Anhang, so etwa 150 Personen, sassen im Meriansaal des Café Spitz. Der Stamm hatte das Sujet Monsieur Adams-sohn (Maa/Kind-Initiative). Es ging um Gleichberechtigungsfragen. Männer sollen auch Kinder kriegen dürfen. Alle im Stamm hatten am Kostüm viele relativ echt aussehende weisse Eier angenäht, und einige begannen, vermutlich unter leichtem Alkoholeinfluss, diese im Saal herumzuwerfen.
Mein Namensvetter Philippe und ich begriffen schnell. Wir eilten in die Hotelküche und suchten einen Koch. Ich sagte ihm, wir bräuchten ein Sechserpack rohe Eier, es gehe um eine Wette oder so … und wir hätten wirklich nichts Schlimmes vor. Zurück im Saal, suchten wir die Plastikeier werfenden BMGler. Die hatten sich inzwischen alle schon ein wenig in etwas hineingesteigert. Also drückten wir ihnen in der Wurfhektik ein rohes Ei in die Hand und wünschten guten Flug. Keiner konnte jetzt mehr die richtigen und die falschen Eier unterscheiden. Ich weiss noch, dass ich durchaus fand, meine Eier fliegen aber ganz gut in der Luft – natürlich war ich sehr gespannt, wie lange und wohin die nun denn jetzt alle so fliegen würden.
Es gab eine ziemlich grosse Sauerei! Die Eier liefen am blütenweissen fünf Meter hohen Vorhang und den Wänden herunter, und auch einige Bilder haben dank den Eiern neue Akzente erhalten. Dass dies ein grösseres Nachspiel haben wird, wusste ich gleich. Zum Glück war ich aber so etwas von unschuldig. Ich hatte kein einziges Ei

geworfen und sass bereits wieder brav bei meinem Fasnachtsgötti und bestellte nochmals ein Caramelköpfli zur Entspannung. Die BMG bekam vom Café Spitz eine ziemlich happige Rechnung. Cliquen-interne Recherchen nach den Werfern blieben nicht aus – irgendwie fielen dann wieder die beiden gleichen Namen. Warum nur? Wir wurden «vernommen», hatten aber wasserdichte Alibis für die Tatzeit.

73
Die hetts begriffe!

In de Achzigerjoor hämmer in der BMG miesse konstatiere, ass es immer schwiiriger woorden isch, Buebe für unseri Jungi Gaarde z griege. Mir hänn is gsait, wenn mer sälber könnte Kinder uff d Wält bringe, drno könnte mer villicht das Broblem lööse. Wäge dämm hämmer bschlosse, e Volksinitiative azgattige, dass in Baasel au Männer könne Kinder griege: En Initiative also für en ächti Männergsellschaft – so wie d BMG aini isch. Mit däre «Maa-Kind-Initiative» hätts sölle mööglig wärde, dass in Kanton Baasel-Stadt – ganz im Sinn vo der Glychberächtigung – au mir Männer könne Kinder griege, bsunders Buebe für unseri Jungi Gaarde.
Die Initiative hämmer 1987 au grad no als unser Sujet gnoo und Bööge für d Underschrifte uff die anderi Syte vom Zeedel drugge losse. Dä Initiativebooge isch wie ächt gmacht woorde, no allne Voorschrifte vo de Gsetz, numme isch er uff Baaseldytsch gsi.
Mir vom Voordraab hänn nit numme Zeedel verdailt, sondern au, uff emene Brättli zem Schryybe, Underschrifte für unseri Volggsinitiative gsammlet. Das isch fuurchbaar haarzig gange – Hejoo:
D Fasnacht isch halt wirgglig e ärnschdi Sach! Numme ai Ma und e baar Fraue hänn bi mir öbbis uff dä Booge gritzlet: Es isch zem Verzwyyfle gsi!
Uff em Wettstaiblatz hani my Booge anere flotte, junge Frau aaneghebbt. Si hett is für unseri Initiative vyl Glügg gwunsche und derzue gsait: «Wenn y dir denn muess e Kind mache, so mueschs numme saage!» – Die hett unser Aaliige begriffe.

107

74
Fêtes de Genève

Mit ere stattlige Aazaal vo Stänzler sin mir mit em Zug uff Gänf gfaare. Am erschte Oobe sinn alli teilnähmende Einheite richtig Feschtgländ marschiert und hänn diräggt uff dr Stross vor eme vornähme 5-Stärn-Hotel e Ständeli gää. Im 2. Stock isch e grossi Terrasse gsi und d Regierig, s Fescht-OK und anderi wichtigi Lyt hänn uns dert mit de Cüpligleser offiziell in Gänf begriesst – d Männer in dr Büxe und d Fraue in schigge Oobeklaider. Vor und hinter ys sinn anderi Dailnämer gloffe. Non em Ständeli sinn mir denn grad wyter gloffe und hänn nach ebbe hundert Meter e Halt gmacht. Zwai vo mini Stamm-Helde (y bi s erscht Mool mit eme Stänzler ummegloffe) hänn gmaint, sie welle emool – obwool si kai Ylaadig hän – an dä Empfang go luege. Mir sinn grad diräggt in 2. Stock, wo si die grosse Blatte und dr dyyr Wyy uffgfaare hänn – drey Stänzler hänn do grad no gfäält. Mir griege vo schene Fraue Champagnergleser und wärde an s Buffet bätte, wo mir uns nadyrlig entsprächend bedient hänn. Am Schluss steen mir drey im Stänzler in däm edle Schuppe uff dr Terrasse und salutiere de musizierende Gruppierige zue, wo uns alli e Ständeli brocht hänn. D BMG isch am folgende Daag am offizielle Feschtumzug mitgloffe. Do am Oobe vorhär grad d Miss Schwyz-Waale in Gänf gsi sinn, hänn vyl jungi und scheeni Fraue au em Feschtumzug mitgmacht. Si sinn uff alte Cabriolet im Bikini uff de Kieelerhube glääge. Es isch e Contre-Marsch gsi. Ob mir dr Arabi oder d Celanese gmacht hänn, waiss y nim. Wo mir also die Misse kryzt hänn, sinn nadyyrlig alli BMG-Auge uff die ander Syte gwanderet und jede het in Sache Konzentration e weeneli nochgloo – die ganzi BMG isch drussgheit. Praktisch kain het me pfiffe oder drummlet – mir sinn fascht verreggt vor Lache.

75
Der Bummel

Nicht alle Anlässe werden in jener Weise legendär, in der sich die Veranstalter dies vorstellen. So auch der Fasnachts-Bummel, der vom Tambourmajor Raymond durchgeführt wurde. Frühmorgens wurde man an den Lindenplatz in Allschwil zum Frühstück aufgeboten. Das Zmorge war zwar sehr gut und ausgiebig, doch hätte es wohl keine zweieinhalb Stunden dauern müssen. Endlich brachen wir auf und stiegen ins Tram. Von Allschwil ging es durch die Stadt nach Arlesheim, wo uns der mit dem Auto vorausgeeilte Tambourmajor wieder in Empfang nahm. Dies mit den Worten «hier habt ihr zwei Stunden zur freien Verfügung. Wir treffen uns wieder um 16 Uhr in Oberwil.» Sagte es, und verschwand.

76
«Michi, ghörsch mi?»

Die BMG wurde wieder einmal mit der Organisation des offiziellen Preistrommelns und -pfeifens beauftragt und man hatte monatelang eifrig vorbereitet, das Programm erstellt, am Modus herumgefeilt, die Lokalitäten inspiziert, die Jury zusammengestellt und Ranglisten vorbereitet.
Natürlich braucht so ein Grossanlass auch jede Menge Personal, das während den Anlässen jeweils für einen reibungslosen Ablauf sorgt. Unsere Brüder Michi und Tobi hatten sich in weiser Vorahnung mit Walkie-Talkies ausgerüstet, auf dass man situativ auf allfällige Engpässe oder bei besonderen Vorfällen reagieren könne, und man versprach sich Kommunikation auf höchstem Niveau. Die beiden Mittwöchler waren in den Vorbereitungsräumen der Teilnehmer eingeteilt, wo man sich umziehen und für den Auftritt vorbereiten konnte. Einer bei den Tambouren, der andere bei den Pfeifern. Michi versuchte nun seinen Bruder im Sinne einer Verbindungskontrolle zu kontaktieren: «Michi?» – keine Antwort. «Miichi?» – Stille. Ungeduld machte sich breit. Versagte just in diesem wichtigen Moment die Technik? «Miiichi?» – nichts. Die Ungeduld nahm zu und man fing an, sich durch die Räume und Gänge zu bewegen, in der Hoffnung, die Verbindung doch noch herstellen zu können. Plötzlich ein «Tobi?». Und der andere «Sali Michi, ghörsch mi?», worauf die Antwort kam, «Jo Tobi!». «Wo bisch denn, Michi?» – und der antwortete seelenruhig «I stand hinter dir!».

77
Suboptimal majoran

Einer der spannendsten Momente einer jeden Fasnacht ist, wenn sich am Montagnachmittag der neue Zug zum ersten Mal in voller Pracht zeigt. Besondere Beachtung geniesst dabei der Tambourmajor als Pièce de Résistance.
Es war in den 1990er-Jahren. Ungefähr eine Stunde vor Abmarsch wollte ich mich langsam auf den Weg zu meinem Depot machen, damit meine Schneiderin die Herren, die mich während der Fasnacht ein- und auskleiden, instruieren konnte, worauf sie zu achten haben. Bei einem Tambourmajor muss auch in dieser Hinsicht jeder Handgriff sitzen.
Ich verliess den Löwenzorn und sehe am Gemsberg Karli stehen, Tambourmajor der BMG Runzle. Zwei Damen halfen ihm in sein Kostüm. Kaum angezogen, bemerkte er, dass er den Panzer noch anziehen sollte. Das Ganze ging zurück – und begann von vorne. Ich beobachtete diese Szene fasziniert und konnte mir ein Grinsen nicht verkneifen. Panzer anziehen und festzurren, Kopf auf den Panzer und dann das Gewand über den Panzer ziehen. Plötzlich ein mehrstimmiges und vor allem sehr lautes und erschrecktes «Nai!». Das Kostüm liess sich nicht schliessen. Es fehlten rund zehn Zentimeter Stoff, bei den Damen kam Panik auf und Karli verlor den letzten Rest seiner Contenance. Das Trio Karli und Damen hatte in der Zwischenzeit immer mehr Publikum erhalten, selbstverständlich mit vielen Tipps und entsprechenden Kommentaren. Das war nicht gerade zum Wohl von Karlis Nervenkostüm. Ich wusste nicht, ob ich einen Lachkrampf bekommen oder im Erdboden versinken sollte. Nach rund fünf Minuten Chaos tauchte meine Schneiderin am Gemsberg auf und fragte mich, was denn hier vor sich gehe. Es brauchte keine lange Erklärung und kurzerhand ging sie zum Runzle-Major, sagte den Damen, wer sie sei, und übernahm das Kommando. Nach

weiteren zehn Minuten konnte das Kostüm behelfsmässig geschlossen werden. Die Damen waren reif für ein Sauerstoffzelt. Aber die Fasnacht war für Karli gerettet. Wie meine Schneiderin das hinbekommen hat, gehört zu den grossen Mysterien der Fasnacht.

78
Stans

1991 nahm die BMG in ihren Stänzlern an der «Arena Helvetica», einem wehrhistorischen Festumzug im Rahmen der 700-Jahr-Feier der Schweiz in Stans teil. Nach unserer Ankunft per Zug und Bus wurden wir von der Schweizer Armee begrüsst, und jeder erhielt ein Mineralwasser oder ein Fanta.
Der damalige Beizer des Löwenzorn, Paul Brülhart, war bei diesem Stänzleranlass auch mit von der Partie, beschloss aber, im eigenen Auto anzureisen. In der Nähe von Stans hatte er ein Blumenbouquet organisiert, das er auf die Kühlerhaube seines grossen Mercedes montieren liess, und bereits im Stänzler fuhr er Richtung Stans. An der ersten Sperre des Militärs organisierte er sich zwei Militär-Motorräder mit Fahrer und wünschte, in die Kaserne begleitet zu werden. Kurz darauf bog er vor unseren erstaunten Augen im Kasernenareal ein und stoppte mit seinem Auto vor uns. Seelenruhig stieg er aus und öffnete den Kofferraum. Darin befanden sich gekühlter Weisswein und Canapés für die gesamte Clique. Unter den neidvollen Blicken der anderen Umzugsgruppen und Soldaten nahmen wir darauf unseren Aperitif ein.

79
Eidgenössisches Schützenfest in Chur 1985

Nach einer endlosen Bahnfahrt und einem Umgang durch die Stadt versammelten sich die Teilnehmer für den Festumzug auf dem Gelände der Brauerei Calanda in Chur. Angesichts der wetterbedingten Hitzegrade und der Menge aufgestapelter Bierharassen wären dies gute Voraussetzungen zum Durstlöschen gewesen, allein die Bierharassen waren alle Leergut … Nach dem Umzug, an dem auch Karli Schnyder, damals Regierungsrat, auf der Ehrentribüne sass, und an dem unmittelbar hinter uns die Banntagsschützen aus Liestal marschierten, trafen wir uns noch zum Gässle durch die wunderschöne Churer Altstadt. Natürlich mussten wir uns auch gebührend ausruhen; dies geschah in einer Beiz auf dem Boulevard, in der wir auf Stühlen und Mäuerchen sassen und uns am einheimischen Bier delektierten. Plötzlich ein gewaltiger Donnerschlag, wir erschraken alle aufs Heftigste und sprangen aus dem Sitz meterhoch in die Luft. Paul Brülhart, in eine Pulverdampfwolke gehüllt, setzte seine Muskete ab, mit der er auf den Wetterhahn auf der Kirchturmspitze gezielt hatte, und fragte grinsend, ob wir wohl erschrocken seien. Paul hatte sich bei den Liestaler Banntagsschützen eine Prise Schwarzpulver erbettelt.
Dieses Vorkommnis war die Initialzündung für einige Vorträbler, sich im Laufe des Jahres im Waffengeschäft ebenfalls einige Pfund Schwarzpulver nebst einigen Schachteln Zündhütchen zu besorgen. In der Folge waren eine Zeit lang alle Stänzlerumzüge, besonders in Ribeauvillé, von Geschützdonner umrahmt.

80
Trommelpauke

Es war als Binggis durchaus Usus, in den ersten Jahren als Tambour eine Trommel aus dem Bestand der Clique zu mieten. Das machte auch später während der Wachstumsjahre noch Sinn, denn die Dinger waren schon immer schweineteuer. So war also auch mein Schicksal als Jungtambour mit einer gebrauchten, mehr schlecht als recht gepflegten Basler Trommel besiegelt. Zu meinem Überdruss schepperte meine allerdings nicht nur wie Vaters alter Opel Senator, sondern hatte zu allem Überfluss auch noch seine Kratzer und Beulen übernommen. Wie Kinder nun mal sind, ergossen sich der Spott und die Häme meiner Cliquenkameraden nicht über das Corpus Delicti, meinen Kübel, sondern über meine Trommelkunst. Das muss auch unser damaliger Obmann der Jungen Garde mitbekommen haben, ein BMGler alter Schule mit grossem Ranzen, der wohl Mitleid mit mir gehabt haben muss. Er zitierte mich zu sich und versprach mir, für die kommende Fasnacht seine alte Kalbfelltrommel zu leihen. Wie glückselig doch meine kleinen Kinderaugen nun leuchten und mein Herz jauchzen konnte! Eine echte Felltrommel – was werden die andern Kameraden mit ihren Kunstfellen ihre Mäuler neidisch aufreissen! Versprochen ist versprochen, und so begab ich mich am Samstag vor dem Morgenstreich zu unserem Obmann nach Hause, um die ersehnte Felltrommel abzuholen. Wie nun mal Herren alter Schule sind, muss man sich Versprochenes zuerst hart erkämpfen und all ihre Geschichten längst vergangener Tage und Jahre anhören. Höhepunkt des Gruselnachmittages war sein Vorzeigen, wie sich eine Trommel mit den Füssen in alten käsigen Socken schränken lässt. Nach vier Stunden zappeln war es dann so weit. Ich hielt das begehrte Objekt endlich in den Händen und eilte damit schnurstracks nach Hause. An Schlaf war die nächsten zwei Nächte nicht mehr zu denken. Am Morgenstreich dann der grosse Moment:

Mit Stolz erfüllter Brust stand ich nun mit meiner Felltrommel inmitten meiner Cliquenkameraden mit ihren Plastikfellen, wartete auf den Vieruhrschlag – und es begann zu regnen …

81
Dasch Buebezyyg!

Früher war nicht nur mehr Lametta, sondern es wurde auch noch kräftig gesiezt. Undenkbar, dass wir als Binggis jemanden aus dem Stamm oder gar von unseren Runzle duzten – davor hatten noch selbst wir im Jahrzehnt der schrillen 1980er zu grossen Respekt. Diesen sich bei den alten Herren zu verdienen, war ein hartes Stück Arbeit. Stoisch machten sie stets ernste Miene zum bösen Spiel, wenn wir zum Beispiel einmal wieder in den Trommelpausen Frau Müller beim Gemsbergbrunnen so lange mit Gloggeziigli ärgerten, bis sie zwischen ihren Geranien durchblickend uns Täter erblickte und die Polizei benachrichtigte – oder wir im Restaurant Löwenzorn nicht nur Erbsen, sondern gleich ganze Bratwürste zum Fliegen brachten. Das war wie immer sehr zur Freude von unserem Hüttenwirt Brülhart selig. «Buebezyyg, das ghert sich nit fir e stolze Stammverain!», ermahnte uns stets das väterlich drohende Wort. Doch spätestens als wir Binggis uns an einem Fasnachtsmittwoch während eines Göttihalts mit unseren Cliquenvätern in das hinterste Kämmerlein einer stadtbekannten Apotheke zurückgezogen hatten und beobachteten, wie sich gestandene Männer zwecks Mutprobe mit hochprozentigem Sprit die Kehle einölten, deswegen rot anliefen und husten mussten, da wussten wir, «Buebezyyg» gehört dazu, bis zur letzten Runzle.

82
E Birschteli am lätze Ort

Es war meine erste Fasnacht, die ich 1993 als frisch gebackener BMGler im Pfeifercorps bestreiten durfte. Durch die Übungspräsenz übers Jahr hinweg habe ich bereits alle Pfeifer so weit kennengelernt, dass ich wusste, wie alle heissen, wer besonders talentiert ist und wer mit dem Instrument eher auf Kriegsfuss stand. Was ich damals allerdings noch nicht wusste ist, dass es einen Kollegen im Corps gab, der sich zu Recht als «Meischter im Liftele» bezeichnen durfte. Für uneingeweihte Zeitgenossen: Damit ist nicht das regelmässige Benutzen eines Fahrstuhls gemeint.
Wir standen also am Montagnachmittag planmässig vor dem «Zorn» bereit, den Cortège in Angriff zu nehmen. Erwartungsfroh reihte ich mich an der vom Pfeiferchef vorgegebenen Position ein und mein Herz schlug mir bis zum Hals, als der Major rief: «Die Alte, vorwärts, marsch!»
Wir machten den ersten Vers, stehend, dann bei der Wiederholung setzten wir uns in Bewegung. Den zweiten und dritten Vers zelebrierten wir am Spalenberg und beim vierten bewegten wir uns in der Hutgasse Richtung Marktplatz.
Es war für mich ein wunderschöner Moment, alles war so neu. Die sterile, intime Laborumgebung des Pfeiferzimmers ist dem lauten, farbenprächtigen Fasnachtswahnsinn gewichen. Statt den Pfeifer nebenan mit seiner wohltuenden 2. Stimme dröhnt einem eine Guggemusig ins Ohr und statt den angenehmen 20 Grad im 2. Stock des «Zorn» brechen einem bei 5 Grad und Bise fast die Finger.
Nachdem ich mich von den ersten Eindrücken erholt hatte und mich wieder ein bisschen auf unsere eigentliche Tätigkeit – nämlich das Pfeifen der «Alten Schweizer» – besinnen konnte, nahm ich auch endlich unseren Mikrokosmos – das BMG-Pfeifercorps – wieder wahr.

Und da staunte ich nicht schlecht, als mein Blick etwas herumschweifte und schliesslich an meinem Vordermann haften blieb. «Was zem Deyfel isch denn das?», schoss es mir durch den Kopf. Da lugte aus dem Ende seines Piccolos doch tatsächlich eine verräterische Drahtöse hervor – genau so eine, wie sie üblicherweise an den Enden von Piccolobirschteli anzutreffen sind. Ich tippte dem Nichtsahnenden auf die Schulter und informierte ihn über die Sachlage, worauf dieser das Corpus Delicti herauszog, in seinem Kostüm verstaute und antwortete «Hmmm, das han y gar nit gmerggt!». Womit er wohl recht behielt – «denn beim Liftele steert e Birschteli nie».

83
Gesichtsverlust I

Hinter der Bühne warteten wir auf unseren Auftritt. Die Stimmung war gut, noch ein paar faule Sprüche nach links und rechts und dann Trommel anhängen und Larve aufsetzen. Der schwere Küchlin-Vorhang öffnete sich, wir taten vier bis fünf Schritte nach vorne zum Bühnenrand, ein kurzes Ausrichten im Dunkeln, dann waren wir bereit für unseren abendlichen Auftritt. Das Licht wurde eingeschaltet und die BMG präsentierte sich wunderschön im glitzernden, traditionellen Charivari. Es folgte die obligate Begrüssung des Tambourmajors ins und ans Publikum. «ACHTUNG! Bajass, vorwärts – MARSCH!». Die ersten Takte sassen gut, bis ich neben mir ein ungewohntes Geräusch wahrnahm. Ein kurzer Seitenblick und ich erkannte das Malheur. Dem Flügelmann links war seine Gummizuglarve runtergefallen und lag nicht etwa am Boden, sondern auf seiner Trommel. Offenbar nicht schlimm genug, gilt es noch anzumerken, dass sich das Ganze in der vordersten Reihe abspielte. Seine Waggislarve grinste fortan genau in meine Richtung und irritierte mich aufs Höchste. Der Flügelmann aber reagierte souverän, senkte sofort sein Haupt wie ein schuldbewusster Erstklässler, der sich vom Lehrer gerade eine Standpauke anhören musste. Seine riesige Waggismähne, die er glücklicherweise noch auf dem Kopf trug, verhinderte dabei den direkten Blick auf sein nacktes Gesicht. Pflichtbewusst trommelte er auf dem winzigen Teil, der auf seinem Fell neben der Larve noch frei war, und durfte wohl mehr als froh gewesen sein, als das Licht nach unserem Auftritt wieder erlosch. Nach dem Auftritt sagte ich zu ihm «Du hast das bravourös gemeistert, aber dennoch: Du hast heute dein Gesicht verloren.»

84
Frau Sieger

Frau Sieger, eine resolute Bayerin, war 1994 Chefin des Oktoberfestes. Sie begrüsste die BMG, welche damals erstmals am Oktoberfestumzug teilnahm, zur Hauptprobe des internationalen Abends im Zirkus Krone, an welchem wir am Vorabend teilnahmen. Zuerst wollte die Dame unser Repertoire kennenlernen und machte kurzerhand unseren Auftritt zur «schmissigen Wettsteinmarschparade» und meinte zum Läggerli: «Ach, ein Mandeltanz». Dann marschierten wir ins Krone-Zelt ein und stellten uns in gewohnter Manier in der Manege auf. Kurz und prägnant unterbrach sie sofort und bat, dass wir doch eine Grundbewegung machen sollten. Sie stellte sich wohl dabei eine Choreografie in der Art der Pferdedressur beim Zirkus Knie vor. Vornehm hielt sich das ganze Spiel zurück, um zu sehen, wie unser perplexer Tambourmajor das Problem wohl lösen würde. Er tat es nicht. Vielmehr übernahm Frau Sieger das Zepter und versuchte, in einem Crashkurs der BMG Schaulaufen beizubringen und dem entsetzten Vortrab beim Einmarsch im Takt zu winken. Der Auftritt am Abend gelang dann einigermassen, wenngleich die Choreografie eher wie Ostereiersuchen im Nebel gewirkt haben muss.

85
In München

Der Einzug. Wir kommen an eine achtspurige, vielbefahrene Strasse, die wir überqueren sollten. Ein Fussgängerstreifen ist zwar vorhanden, aber die dazugehörende Ampel zeigt rot. Was ist jetzt zu tun? Eingedenk der Tatsache, dass in Basel die Cliquen absolute Vorfahrt geniessen, schliesst der Fähnrich die Augen, gibt sich selber einen Befehl und führt ihn tapfer aus. Er kommt sich vor wie weiland Moses, der die Kinder Israels durch die dräuenden Wassermassen des Roten Meeres führte – links und rechts quietschen Bremsen und kreischen Pneus, aber kein einziger Autofahrer schimpft oder flucht, sondern alle tragen es mit Fassung und schmunzeln sogar recht freundlich. Diese Aktion soll dem Fähnrich den Kriegsnamen «Kamikaze-Meyer» eingetragen haben.

Samstagnachtmittag dann in einem Festzelt. Die BMG sitzt froh gelaunt bei einem Getränk lokaler Herkunft und geniesst das muntere Treiben im Festzelt. Am Tisch nebenan eine Gruppe offensichtlich Einheimischer, die uns mit interessierten Blicken mustern. Da ergreift einer dieser lederbehosten Herren das Wort und spricht uns an: «Na, Trachtler san's koana, aber a Kultur, des hobt's!»

86
Das «Obligatorische» im Festzelt

Einmal mehr am Pfifferdaj in Ribeauvillé: Nach dem Festumzug zog sich die BMG zwecks Löschen des grausamen Durstes ins Festzelt zurück, das der Wirt zum «Trois Rois» hinter seiner Beiz im Garten aufgestellt hatte und vor dem ein währschafter Ochse sich geruhsam am Spiess drehte. Man marschierte in Umzugsformation unter Trommel- und Piccoloklängen ins Festzelt ein. Beim Abwinken des Tambourmajors kam wieder Paul Brülharts grosse Stunde: ein gewaltiger Donnerschlag und eine ungeheure Rauchwolke, mittendrin der strahlende Paul. Als sich der Rauch verzogen hatte, klaffte im Zeltdach ein riesiges, schwarz umrandetes, zerfetztes Loch, wie wenn eine Kartätsche eingeschlagen hätte. Der Wirt war natürlich hell entzückt. Pauls Ausrede, er habe als Schweizer noch das Obligatorische schiessen müssen, verfing allerdings nicht. Wie Paul den Schaden mit dem Wirt geregelt hat, entzieht sich unserer Kenntnis. Merke: Eine BMG-Muskete braucht nicht scharf geladen zu sein, eine ordentliche Portion Schwarzpulver tut's auch.

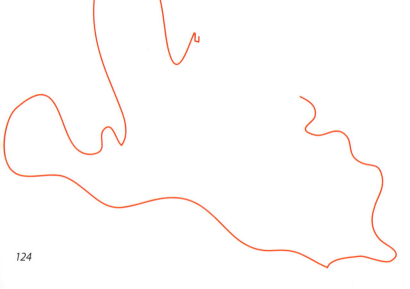

87
Im «Roten Kater»

Der «Rote Kater» passt zur Basler Fasnacht etwa wie Bratwurststände am Rümelinsplatz. Mit geht eigentlich gar nicht, aber ohne würde definitiv etwas fehlen. So hat die BMG dieses Etablissement stets als einen nicht wegzudenkenden Halt fest im Programm. Auch am Bummel. So geschah es in dem Jahr, als uns der Bummel aufs Hörnli führte, dass ein Mittwöchler von diesem morbiden Ort ein irdenes Urnendeckeli mitgehen liess und kurz danach – eben beim Halt im «Roten Kater» – darin gesalzene Erdnüsse servierte. Selten wird einem das nahe Beieinanderliegen von lustvollem Leben und dem Tod derart eindrücklich vermittelt. Insbesondere wenn schlanke, kunstvoll benagellackierte Damenfinger umständlich ein paar Erdnüsse heraus «gnyyble».
Genauso wie sich einige Mittwöchler immer wieder auf diesen Halt freuen, gibt es auch die Fraktion, die solcherlei verabscheut und nie einen Fuss in diese Oase der Frivolität, diesen Tempel der Freude, dieses Mekka der exotischen Reize setzen würde. So auch unser Freund Fritz, der sich vehement wehrte, mit dem Milieu in Verbindung gebracht zu werden, und sich sträubte, die sündigen Pforten zu durchschreiten. Nach eindringlichem Zureden und schon fast unter zarter Gewaltanwendung wurde der Gute endlich zur Türe hineinbugsiert, wo ihn eine leicht bekleidete Dame mit offenen Armen (und noch offenerem Décolleté) mit den Worten «salut Fitzi» fröhlich lächelnd begrüsste.

88
Stuck aux légumes

Wir waren wieder einmal mit den Stänzlern im malerischen Ribeauvillé unterwegs. Ein sonniger Tag, und Heerscharen von gut gelaunten Zuschauern bereiteten uns einen herzlichen Empfang. Sogar auf den Hausdächern waren zahlreiche wagemutige Spectateurs zu sehen, und natürlich konnte man in manch heimeliger Stube glänzende Augen von heiteren Menschen durch die geöffneten Fenster erblicken.
Die Begeisterung hatte sich längst auf die BMG übertragen, sodass auch wir alles gaben. Es wurde getrommelt und gepfiffen, als gäbe es kein Morgen, und der Vortrab schoss aus allen (Vorderlader-)Rohren. Karli hatte sich ganz im Stile eines Pazifisten einen herumliegenden Broccoli in den Gewehrlauf gesteckt.
Wir zogen gerade an einem festlich dekorierten Stadthaus vorbei, als uns «e nätte Spatz» aus dem 2. Stock eines mit Stuckaturen verzierten Zimmers lächelnd zuwinkte. Karli salutierte umgehend: Eine Broccoli-Salve schoss ins Obergeschoss und hüllte die prächtige Zimmerdecke in ein veganes Grün. Der Startschuss für eine nachhaltige, naturnahe Lebensweise wird es nicht gewesen sein, den «Vogel» aber hat Karli definitiv abgeschossen.

89
Flammende Begeisterung

Es gibt sie überall, die Menschen, bei denen ein Glas stets halb voll, die Suppe zu wenig gesalzen, der Nachbar zu laut und das Tram zu gelb ist. Diese Menschen haben durchaus ein feines Sensorium, sind aber im Zweifelsfall tendenziell immer ein wenig auf der «ich hab's ja gewusst!»-«es musste ja so kommen!»-«ach ich Armer!»-Seite und das Schlimmste an der Sache ist: Sie haben recht! Ja, wer immer und überall das Negative sieht, wird fatalerweise damit belohnt, dass der Worst Case mit begeisternder Sicherheit eintritt.
Wir spielten das Sujet «S.V.P. – S'il vous plaît» aus und garnierten unsere Köpfe mit Lampions in den Schweizer Farben. So geschah es, dass unser Freund am Abend des Fasnachtsmontags sprach: «Nein, diese Lampions zünde ich nicht an – danach brennt ja das ganze Kostüm!» Natürlich ignorierten wir dies und einige Pfeifer zündeten gewissenhaft jede Kerze an, die ihnen vors Feuerzeug kam, sodass sich der Zug bald herrlich illuminiert zum Gässle aufmachte.
Ich marschierte direkt hinter unserem Freund, der von alledem nichts mitbekommen hatte und anfänglich auch wunderbar leuchtete. Allerdings ist mir aufgefallen, dass beim Abmarsch den Gems- und Spalenberg hinunter dieses Leuchten immer heller wurde und sich auch mit einem Geruch von verbranntem Papier mischte. Ein Blick auf den Kopfschmuck bestätigte das Befürchtete: Mein Vordermann stand in Flammen! Natürlich war schnelles Handeln angesagt, sodass ich mich sofort an die Arbeit machte, die brennende Pracht herunterzuschütteln und letzte Glutherde am Boden auszutreten.
Unser Freund bemerkte ein leichtes Rütteln und Schütteln an seinem Kopf, drehte sich halb zu mir um, und fragte: «Was isch los?» Im Eifer eines Feuerwehrmannes sagte ich: «Alles guet, wyterpfyffe!»

90
Die Atomuhr I

Es dauert exakt elf Sekunden, die unser Tambourmajor benötigt, um das Kommando zu formulieren, damit der Morgestraich auf den Befehl «Marsch» losgehe, sprich die Stadt dunkel werde und die BMG das tut, was sie am besten kann. Zu diesem Zweck hatte man längst eine «Atomuhr» beschafft, als ich an jenem Morgestraich unserem Tambourmajor bekannt gab «es goot no zwei Minute». Das übliche Gemurmel am Gemsberg und Spannung pur sorgten für eine wohlig-elektrisierende Stimmung. Doppelcheck: Brennt das Laternenkerzli, hab ich ein Goschdym an, haben wir den richtigen Tag … da trete ich an den Tambourmajor heran und verkünde mit zittrig-erregter Stimme «es goot no ei Minu …». Doch weiter kam ich nicht, denn in diesem Moment war die Stadt plötzlich stockdunkel. Lichter aus. Feierabend.
Blankes Entsetzen unter der Larve, die Zunge klebt plötzlich am Gaumen. Der Super-GAU ist eingetreten. Ich hab's vermasselt! Mit stoischer Ruhe nimmt der Major – natürlich Herr der Lage – den «Stägge» in die Hand und verkündet kurzum «Morgestraich, vorwärts, marsch!»
Es war für mich der längste Umgang aller Zeiten bis hinunter zum Barfi. Gewissensbisse plagten mich. Ich bin der Loser. Habe die BMG um den wichtigsten Teil des Morgestraich gebracht, ja die Gesellschafts-Ehre mit Füssen getreten, Frau Fasnacht geschändet. Überlegungen der Wiedergutmachung durchkreuzten mein geschundenes Hirn. Abdankung als Atomuhrträger? Eine Kiste Bier? Ewige Verbannung aus der BMG? Dann endlich am Barfi angekommen, rannte ich sofort in die Telefonkabine, wählte die Nummer 161 und horchte gebannt auf die Stimme. Sie verkündete mir emotionslos, dass die Atomuhr richtig geht und lediglich ein etwas zu eifriger IWB-Mitarbeiter eine Minute früher nach Hause wollte.

91
Die Atomuhr II

Uhren, insbesondere «Atomuhren» haben die nachteilige Eigenschaft, dass hin und wieder ein Batteriewechsel nötig ist. Wenn es bei diesem Zeitmessgerät noch um ein Fasnachtszubehör geht, das im Prinzip nur genau während 11 Sekunden – funktionieren muss, könnte man sich getrost zurücklehnen und der Sache mit einer gewissen Entspanntheit begegnen. Wie es der Teufel wollte, zeigte besagte Uhr just am Sonntag vor dem Morgestraich eine Unterversorgung in Sachen Strom an. Zum guten Glück gibt es das «Institut für das technisch Unmögliche» – bei Hanspi zu Hause. Nach kurzer Erklärung machte sich unser Daniel Düsentrieb ans Werk und schon bald lag das Wunderwerk schweizerischer Uhrmacherkunst sauber zerlegt auf der antistatischen Arbeitsunterlage. Leider fiel dabei ein Schräubchen – so gross wie ein Flohschiss – in den Langhaarteppich und verschwand dort für immer. Mir wurde vertrauensvoll der häusliche Wecker in die Hand gedrückt – «dä goot au!». So ausgerüstet, machte ich mich ans Werk, der Wecker erfüllte klaglos seinen Dienst und der Morgestraich verlief planmässig.
Nach der Fasnacht indes war bei Hunzikers ein grosses Durcheinander. Da der Wecker noch nicht zurück war, hatte man etwelche Mühe mit dem Alltag: Man kam verspätet zur Arbeit, verpasste die Nachrichten und vergass, den Abfall beizeiten rauszustellen.

92
Ein Absturz mit Folgen

Es war an einem herrlichen Frühlingssamstag, als sich die BMG aufmachte, unter kundiger Leitung des Zeremonienmeisters den 2-tägigen Fasnachtsbummel in Angriff zu nehmen. Es ging in eine lauschige, abgelegene Hütte im Schwarzwald, wo man sich zu verpflegen und rustikal zu nächtigen gedachte.
Der Tag war ereignisvoll verlaufen und der Abend bei bester Laune bereits in vollem Gange, als ein BMGler verspätet eintraf und sich unter das bunte Treiben mischte. Es war bereits dunkel geworden und der Spätankömmling analysierte die Situation messerscharf. Sein Ziel war, sich möglichst rasch an den Pegel der Feiernden heranzutrinken, was ihm unter grosser Anerkennung seitens der Anwesenden auch tatsächlich prächtig gelang.
Da er das Gelände um die Hütte herum bei Tageslicht nicht gesehen hatte, bekundete er offensichtliche Mühe mit der Orientierung, wohl auch darum, weil er dem Bier bereits ordentlich zugesprochen hatte. Als nun die Blase voll war und nach Erleichterung rief, machte sich der Orientierungslose auf die Suche nach einem geeigneten Gebüsch oder einem Baum – und siehe da! Bald war ein Baum gefunden, der sich nur ein paar Schritte von der heimelig lodernden Feuerstelle entfernt befand. «Ich muss mal …», waren seine letzten Worte, als er einen Schritt ins Nichts tat und im Bruchteil eines Wimpernschlags vom Erdboden verschwunden war.
Was der Ahnungslose nicht wissen konnte: Der Baum war nicht einfach ebenerdig verwurzelt, sondern stand in einer beachtlichen Tiefe von rund drei Metern, die durch eine senkrechte Böschung vom Festplatz getrennt wurde. Genau dorthin segelte der Unglückliche und hatte doppeltes Glück: Weder hatte er grössere Schäden zu beklagen, noch hatte er den eigentlichen Grund seines Unterfangens vergessen.

93
Faschtnacht English Style

Der Wecker läutet um 2.30 Uhr. Awwwwshit, so early! Faschtnacht hat angefangen. Die müssen verrückt sein, eine Parade um vier Uhr in der Früh abzuhalten. Ich krabble in die Dusche und trinke schnell einen Kaffee. Noch halb schlafend nehme ich das Tram zur BMG. O.k., 3.45 Uhr: Ich hole mir eine Steckenlaterne und bringe sie zum Leuchten. Maske an, Handschuhe an, warten auf das Signal. Dann Dunkelheit, die ganze Beleuchtung wird abgeschaltet. Die Musik und das Marschieren beginnen. Die Steckenlaterne ist verdammt schwer. Tausende Leute stehen am Marktplatz. Kamerablitze hier und dort, zeitweise ist man blind. Marschieren, halten, marschieren, halten, es scheint nie zu enden. Die Atmosphäre ist elektrifizierend, das Publikum kann von den Kostümen und der Musik nicht genug kriegen. Schliesslich hat das Ganze doch noch ein Ende, ich gehe zurück ins Bett. Um 12 Uhr läutet der Wecker schon wieder. Was, ich hatte nur gerade fünf Minuten Schlaf. Ich wechsle ins Kostüm, gehe wieder zur BMG. SCHEISSE!!! Falsches Kostüm. Ich renne zum Taxi, zurück nach Hause, wechsle in das richtige Kostüm und steige in das wartende Taxi ein. Ich komme zur BMG zurück und habe noch 30 Sekunden, um Maske und Handschuhe anzuziehen und um eine Handvoll Flyers zu grabschen. Purer Stress, dabei wird doch gesagt, dass Faschtnacht Fun wäre. Ich glaube nicht.
Marschieren, halten, marschieren, halten, Flyers verteilen. Eine kleine Pause – Bier, Schnaps und Mehlsuppe werden mir offeriert. Was ist in der Suppe? Yucccch, wahrlich, ein seltsamer Geschmack. Ab geht's, marschieren, halten, marschieren, halten, meine Füsse fangen langsam an, diese Tortur zu bereuen. Die Trommeln und Pfeifen betäuben meine Gedanken. Meine Füsse durch am Boden liegende Confetti und Orangen schleppend, frage ich mich, ob es eine gute Idee war, ein Mitglied des BMG-Vortrabs zu werden.

Nach allen Schmerzen, Frustrationen, Missverständnissen und Sauferei: War es das wert? Natürlich war es, und Yes, I am taking part in Faschtnacht 2003!

94
Chicken Food

Das Foyer des Hotel Trois Rois war an der Fasnacht schon immer ein stark frequentierter Cliquentreffpunkt. Besonders die Treppenstufen gleich hinter der Drehtüre waren beliebt, da sie die Möglichkeit boten, sich während einem Halt kurz zu setzen. Die BMG machte dort jeweils mit ihrem Fasnachts-Zyschtigs-Zigli einen Halt.
Die Ari-Junte waren jeweils gleichzeitig im Trois Rois, und diese Damen hatten es sich auf den Treppenstufen gemütlich gemacht. Plötzlich, wie aus dem Nichts, tauchte unser Stefan in diesem Chaos von Cliquen, Kostümen und Larven mit Popcorn auf. Er rief «Chicken Food» und überschüttete die verdutzten Ari-Junte mit dem ganzen Inhalt seiner Popcorn-Tüte. Da es bereits kurz vor dem Abmarschzeitpunkt der BMG war, machte er sogleich einen Abgang, hechtete in einem beherzten Sprung durch die Drehtüre des Trois Rois und landete mit Purzelbäumen über die Treppenstufen schliesslich auf dem Trottoir vor dem Hotel.

95
Aldi et Obi

Die Schlusssitzung der BMG findet, anachronistisch, am Samstag vor der Fasnacht statt und soll die Mitglieder auf die Fasnacht einstimmen. Das Sujet jenes Jahres hiess «Aldi et Obi» und handelte von der Eroberung der Schweiz durch Deutschland. Was sie mit zwei Weltkriegen nicht geschafft hatten, hätten sie nun mit ihren neuen Grossverteilern faktisch erfolgreich umgesetzt.
Die Sitzung war eben angelaufen, als zwei Verkäuferinnen von Aldi und Lidl im Saal auftauchten und begannen, für ihre Firmen Werbung zu machen. Die beiden waren eher etwas ordinär und sprachen einen badischen Dialekt. Vor allem aber hörte diese Präsentation nicht auf und wurde immer aufdringlicher, so wie diese deutschen Grossverteiler in ihrer Werbung auftreten.
Für einige Mitglieder war dies ein mehrfaches Sakrileg an dieser Schlusssitzung. Zum einen, dass bei der BMG plötzlich Frauen auftauchten, weiter «Schwoobe» waren und drittens, dass sie unverhohlen Werbung für diese Billigketten und ihre Produkte machten. Zwei altgedienten und langjährigen Runzle platzte irgendwann der Kragen. Wutschnaubend standen sie auf, rannten aus der Tür und schlugen sie zu.
Erst am Morgenstreich erfuhren die beiden, dass es sich bei den zwei Verkäuferinnen um Schauspielerinnen des Charivari gehandelt hatte und dass der ganze Auftritt gar nicht echt war.

96
Der Blechmajor

Tambourmajore pflegen, sich hin und wieder überbieten zu wollen. Sei es mit besonders üppig gestalteten Kostümen, himmelhochragenden Aufbauten, monströsen Larven oder einem Drumherum, das seinesgleichen sucht.
So war es denn auch nicht verwunderlich, dass unser Runzle-Major anlässlich des Sujets «Aadie Joggelifescht!» als komplett eingekleideter Ritter in handgedengelter Rüstung und mit schmiedeeisernem Helm eintraf, um den Cortège als Burkart Münch von Landskron zu bestreiten.
Am Donnerstagmorgen, nach getaner Arbeit, war der arme Ritter ermattet und wollte nur noch nach Hause. Der Weg zu seiner Trutzburg im Gundeli führte ihn über die Bahnhofspasserelle. Langsam und sorgfältig setzte er den Fuss auf die erste der glatt polierten Treppenstufen. So ging es vorsichtig Schritt für Schritt immer höher. Auf dem vorletzten Treppenabsatz angekommen, tat er einen Fehltritt mit verheerenden Folgen. Ein kurzer Zwirbler, gefolgt von einem ohrenbetäubenden, blechernen Scheppern, rasselte der Arme die Treppe hinunter und landete rücklings auf dem harten Bahnhofsboden. Als er nun wie ein Käfer auf dem Rücken strampelnd dalag, erbarmten sich seiner zwei Gleismonteure, die gerade des Weges kamen, und halfen ihm wieder auf die Beine.

97
Die Girls

Monatelang hatten sie geprobt. Es sollte ein ganz besonderer Auftritt werden, der zum 100-Jahr-Jubiläum den staunenden Mitgliedern präsentiert werden sollte. Inspiriert von einem alten Foto aus den 1920er-Jahren, das ein Männer-Ballett-Corps der BMG in Tütü und Fummel zeigte, mit Charleston-Kleidern und langen Zigarettenspitzen, sollte dieser Auftritt als Remake neu inszeniert werden. Eine Choreografin wurde engagiert und in zahllosen Übungsstunden lernte diese Männergruppe tanzen, sich zu schminken und sogar die Beine richtig zu rasieren.
Am Ende war alles bereit für den grossen Auftritt. Die Gruppe beschloss, dass dieses einmalige Ereignis entsprechend festgehalten werden soll, und sie fragten einen ihrer Kameraden an, ob er das Ganze mit einer Videokamera filmen würde. Knapp vor dem Auftritt wurde die Kamera an Robi übergeben und der Einfachheit halber bereits auf «on» gestellt, was dieser übersah. In der Meinung, dass er das Gerät noch einschalten müsse, stellte der Filmer den entsprechenden Hebel um. Dank dieser Manipulation besitzt die Nachwelt nun eine Filmaufnahme, die den Weg zur Bühne und danach den Weg von der Bühne zeigt, aber der Auftritt fehlt leider. Nicht so schlimm, vielleicht wird der Auftritt ja beim 200-Jahr-Jubiläum wieder ins Programm aufgenommen.

98
Die Jubelreise

Die BMG wurde 100 Jahre alt, man war natürlich mächtig stolz und wollte sich gebührend feiern lassen. Dass es aber schwierig würde, 40 Mannen ein Programm zu bieten, das allen Geschmäckern zusagt, lag auf der Hand. Also wurde basisdemokratisch der Puls gefühlt und dabei kam kristallklar heraus, dass das Gros der BMGler eine Bade-Whiskey-Wellness-Städte-Bier-Strandreise wünschte. Am liebsten in Europa, in der Schweiz, im nahen Ausland, Deutschland, Schottland, auf keinen Fall Deutschland. Peter hatte auf seine Wunschliste geschrieben: «Kein Lammfleisch essen, ich steige in kein Flugzeug und ich möchte keine Araber sehen!» Wir entschlossen uns für eine Wüsten-Trophy quer durch Tunesien.
Kurz vor Mitternacht am zweiten Abend flogen wir von Tunis weiter in die Wüste. Trotz Flugangstpillen war es Peter etwas mulmig zumute, als er sich im Flugzeug auf seinen Platz setzte. Nachdem kurz darauf ein Araber mit Kopftuch eingestiegen war und schnurstracks ins Cockpit eilte, sich eine weitere Person in die Reihe direkt vor Peter setzte, den Koran aufschlug und zu beten begann und durch das Fenster zu sehen war, wie sich zwei Mechaniker am Triebwerk zu schaffen machten, hätte Peter wohl auch einen Teller Mosli bel Allouch widerstandslos verspeist.

99
Winke, winke, Stinkefinger!

Unsere Jubelreise zum 100. Geburtstag führte uns nach Tunesien. Wir wären aber keine richtigen Abenteurer, wenn wir nur am Pool liegen und Bier trinken würden. Nein, man(n) kann seine Grenzen auch ausloten und das Bier in der Wüste trinken. Und so richtig abenteuerlich wird so eine Reise erst, wenn man sich in Gruppen aufteilt und in Jeeps durch das ganze Land, von Ziel zu Ziel düst. So eine Jeepfahrt, die ist lustig, und durch Sand und über Steine schüttelt sie nicht nur richtig durch, sondern bringt einem Land und Leute so richtig nahe. Dachte sich wohl auch Roberto, der keiner Fliege was zuleide tun kann und immer nur das Positive in den Menschen sieht. So fand Roberto es in seiner Unbekümmertheit natürlich eine grossartige Idee, in einer abgelegenen Strasse am Stadtrand im Nirgendwo seine Sympathie für Land und Leute ein paar Jugendlichen durch freundliches Zuwinken und Grinsen zu bekunden – worauf diese dem weissen Kolonialherrn ihre Sympathie durch Steinewerfen und Zeigen von Stinkefingern erwiderten! Roberto winkt heute etwas zögerlicher, hat aber seine Unbekümmertheit zum Glück noch nicht verloren.

Chronik
2008–2018

Neue Materialien und Formen halten an der Fasnacht Einzug. Laternen werden geplottet statt gemalt, Alltagskleider als Kostüme zweckentfremdet und verschiedene Cliquen experimentieren mit Strassentheater statt zu musizieren. Dank Social Media sind die Cliquen und ihre Aktivitäten dauerpräsent und die Selbstinszenierung nimmt zu, auch, um den Zeitgeist nicht zu verpassen. Geblieben sind in den vergangenen hundert Jahren aber der Cortège, Laternen, Kostüme und Larven, die Sujets und der fasnächtliche Biss. Bei der BMG findet man genietete oder geklebte Laternen, Gasmasken und Badekappen als Larven und Aufbauten. Die Stänzler sind zu einem zweiten Standbein geworden, mit dem sie Basel im In- und Ausland vertritt. Mit der avantGARDE gründet sie eine neuartige Nachwuchsorganisation für 14- bis 25-Jährige, die zwischen klassischer Junger Garde und Stamm liegt.

100
Aufregung am «Intärne»

In einer Zeit, als die Teilnahme am internen Preistrommeln und -pfeifen nicht nur den Jungen sondern auch den etwas gesetzteren Herren des Stamms oblag, geschah es denn auch, dass sich eine Schar Stamm-Pfeifer bereit hielt und frohgemut des Ereignisses im grossen Saal des «Zorns» harrte.
Als der Conférencier den nächsten Pfeifer (Marsch: «Altfrangg») aufrief, betrat ein Waggis die Bühne, postierte sich wie vereinbart vor der Jury, führte das Piccolo an das belarvte Gesicht und hub an zu musizieren.
Nun muss man sich einmal vorstellen, was da passierte, als die ersten Töne den Saal verzauberten: Die Jury begann, nervös in den Noten zu blättern, ernste Blicke wurden ausgetauscht, Augenbrauen hochgezogen, Stirnen wurden in Falten gelegt und der Zeigefinger fuhr Hilfe suchend über René Briellmanns Werk, dieweil unser Waggis unbeirrt in den nächsten Vers ging.
Doch zum Glück verfügte die BMG stets über eine hartgesottene, allen Widerwärtigkeiten trotzende und natürlich musikalisch unfehlbare Jury. Die hatte sich nach den ersten, unerwarteten Klängen rasch erholt, und als dann noch einer in den Saal rief «hösch, dä macht jo die zwaiti Schtimm!», war allen klar, dass hier ein Künstler am Werk war, der sich unserer uneingeschränkten Aufmerksamkeit erfreuen durfte.

101
Gesichtsverlust II

Das Schmücken des Löwenzorns gehört zum alljährlichen BMG-Ritual. Das heimische Gemäuer soll auf die Fasnacht hin in ein festliches Gewand getaucht werden, auf dass die bevorstehenden Feierlichkeiten in würdigem Rahmen stattfinden können.
Eine Truppe aus erfahrenen Mittwöchlern trifft sich in der Woche vor dem Morgestraich, um den «Zorn» herauszuputzen, alte Laternenbilder an die Wände zu nageln, Larven bald hierhin, bald dorthin zu positionieren und Fasnachtsbändeli an Hutständer, Lampen und allerlei Mobiliar anzubringen. Dabei sollen weder der Beizenbetrieb beeinträchtigt noch freiliegende Elektrokabel oder Gasleitungen angebohrt werden. Zudem soll alles möglichst harmonisch wirken, dekorativ aber ja nicht zu überladen.
So wurde auch in diesem Jahr wieder aus dem Fundus allerlei Material in die Wirtsstube geschleppt. Man machte sich sogleich an die Arbeit und so hub ein emsiges tackern, kleben, knoten und hämmern an. Schon bald strahlte das Lokal in vorfasnächtlicher Pracht.
Es war dann am Montag, kurz vor dem Abmarsch zum Cortège, als unser Freund Baschi nervös durch den «Zorn» rannte. Vom Keller bis in den Estrich suchte er jedes Zimmer ab und wurde dabei immer unruhiger. Auf Nachfrage bekam man die Antwort «y suech my Gsicht!» und schon hetzte er weiter. Per Zufall dann – es muss wohl auch einem der Zorndekotruppe aufgefallen sein – stellte man fest, dass Baschis Larve während der Dekorationsarbeiten «irrtümlicherweise» verwendet wurde. Dieser zeigte mit dem Finger in eine entlegene Ecke der Beiz und fragte «meinsch die dert?». So riss der schweissgebadete Baschi seine Larve von der Wand, zog sie an und stellte sich ins Corps just in dem Moment, als es hiess, «die Alte, vorwärts, marsch!»

102
Potz Pulverdampf und Pistolenrauch

Seit ein paar Jahren sind wir mit einer Fasnächtlerzunft aus Olten befreundet, was uns natürlich regen Austausch mit der dortigen Fasnacht beschert. Wie es so bei den Fasnachtscomités üblich ist, klopft sich auch das Fasnachts- und Umzugs Komitee Olten (FUKO) nach jeweils getaner Arbeit, also die anderen machen Fasnacht, sie schauen zu, gegenseitig auf die Schultern, und gönnt sich als kleine Anerkennung im Frühjahr eine Reise – die vor ein paar Jahren nach Basel führte, mit abschliessendem Essen im Restaurant Löwenzorn. Ganz Gentlemen, wie die BMG nun mal ist, überraschten wir das FUKO, indem wir die Mitglieder, nein nicht am Bahnhof, aber zumindest auf der Lyss in unseren Stänzleruniformen abholten und zum Löwenzorn begleiteten. Natürlich durften an einem solchen Anlass unsere Vorderlader nicht fehlen, denn jede Gelegenheit, mit den alten Büchsen zu schiessen, muss schliesslich genutzt werden – egal wie kurz der Umgang ist. Wir hatten sogar extra eine Person im Vortrab bestimmt, die die ideale Menge Schiesspulver berechnen sollte, um so den maximalen «Kawumms!» aus den Gewehren zu holen. Der Tross bewegte sich nun also musizierend von der Lyss durch den oberen Heuberg, den Gemsberg hinunter bis vor den Löwenzorn, wo er stehen blieb und alle auf das Abwinken des Tambourmajors warteten – auch die Vorträbler mit ihren Gewehren. Zu spät sahen wir die ältere Dame aus dem Fenster ihrer Parterrewohnung vis-à-vis des Löwenzorns lehnend und in den Lauf eines Gewehres blickend, um sie zu warnen – als es schon «Kawumms!» machte, der Dame die Haare nach hinten kämmte und sie sich wieder in die Wohnung zurückzog.

103
Der Papst

Tambourmajore lieben das Pompöse. So auch unser Tambourmajor Hans, der dank dem Sujet «Ratzikal» endlich einmal wenigstens an der Fasnacht der Papst sein durfte. Jedes Detail sass an seinem Kostüm, bis zum speziell angefertigten Siegelring, und sogar sein Unterkostüm während den Pausen wirkte klerikal. Man spürte, dass er ganz in seinem Element war und dies wohl sein absolutes Lieblingssujet war. Trotzdem betonte er, dass es natürlich der Wunsch der BMG war, dass er als Papst Fasnacht machen konnte, und nicht seine eigene Idee.
Die ersten Sujetsitzungen des Folgejahres fanden statt, und Hans wurde nicht müde, uns zu versichern, dass er im Dienste der BMG selbstverständlich jedes Kostüm tragen würde, das von der Kommission auserkoren wurde. Dann kam die Sujetsitzung, an der der Cliquenkünstler Domo die ersten Entwürfe präsentierte. Das Sujet hiess «E Schyssdräggzigli» und handelte von den mobilen Toiletten an der Euro 08, die wohl die einzige Erinnerung an diesen Anlass blieben.
Die Kommission wartete gespannt auf den Entwurf für den Tambourmajor und die Reaktion von Hans. Schliesslich wurde die Idee für den Tambourmajor enthüllt, der an der Fasnacht als WC-Ente den Cortège bestreiten sollte. Trotz grossen Erwartungen an die Reaktion von Hans und der in den Augen ablesbaren Panik über das Kostüm behielt Hans aber die sprichwörtliche Contenance.

104
Alles erstungge und erlooge

Vor e baar Joor het dr Laiezorn e «Tag der Offenen Tür» abghalte, wo alli oder fascht alli Verain, Clique, Verbindige, Gsellschafte und Zinft, wo im Huus residiere, dr Effedligkait ihri Stube ufgmacht, zaigt und erklärt hänn.
Aine vo uns het s Chambre des Grimaces gfasst zem Erkläre und Kommentiere. Dr Referänt het das Zimmerli nadyyrlig kennt und är het probiert ghaa, sich vorzberaite. Aber alles woner gfunde het, stoot im Buech vo dr BMG zem 75-Joor-Jubiläum.
E Huuffe Flaisch am Knoche het das nit härgää. Hinder em Referänt d Helge an de Wänd, vor em e Gruppe Bsuecher, wo ebbis hän welle gheere. S Ainzig, wo blibe isch, ischs s Improvisiere. So het är denn laufend zue jedem Helge us em Stägraif e Gschicht erfunde. D Bsuecher sin jeedefalls zfride gsi mit däm, wo sie vernoo hänn. Und wies halt esoo goot: Die Fierige hän aagfange, e Aigedynamik z entwiggle, und bi jeedere Bsuechergruppe sin die Gschichte fantasievoller, uusgschmiggder, spannender und hoorsträubender uusekoo – derby isch alles erstungge und erlooge gsi. Unsere Fierer isch als rächt gforderet gsi, wo Frooge gstellt worde sinn, und blitzartig het är miesse e Antwort parat haa. Aber was solls – de Bsuecher hets jeedefalls gfalle, alli hän Fraid ghaa und niemerts het regglamiert.

105
Cannstatter Wasn

Roger hat die Gewohnheit, hüllenlos zu schlafen. So auch am Stänzlerausflug nach Stuttgart ans dortige Oktoberfest, auf die Cannstatter Wasn. Markus hat einen leichten Schlaf und verwendet zum Schlafen Ohrenstöpsel, damit er nicht gestört wird. Die beiden haben auf jener Reise das Zimmer geteilt. Spät nachts muss Roger auf die Toilette, will aber Markus nicht stören und macht deshalb kein Licht. Er geht im Dunkeln ins Badezimmer, bemerkt aber erst, als die Türe hinter ihm ins Schloss fällt, dass er nicht im Badezimmer, sondern im Hotelflur steht. Sein Klopfen an der Tür hilft wenig, trägt doch Markus, wie schon erwähnt, nachts Ohrenstöpsel. Roger muss deshalb in seiner sehr dürftigen respektive gar nicht vorhandenen Kleidung ins Parterre an die Reception gehen, seine Lage erklären und sich einen neuen Zimmerschlüssel besorgen.

106
Frisch gestrichen!

Dass Cliquenkünstler sich zuweilen nicht unbedingt an vorgegebene Termine halten, ja es schon fast zum Kult geworden ist, die Laterne erst in allerletzter Minute fertig zu malen, ist ein offenes Geheimnis. Einige Repräsentanten dieser Spezies haben es zur Meisterschaft gebracht, ihre Kamerädli aus der Sujetkommission derart auf die Folter zu spannen, dass diese bereits Wochen vor dem Morgestraich fix und fertig sind. Ja es scheint ein regelrechter Wettstreit unter den Künstlern losgebrochen zu sein, wer als letzter sein Werk beendet – «e Feigling, wär zerscht fertig isch!»
Nun ist es nicht so, dass die (hinter-)malende Zunft uneinsichtig wäre. Oder ignorant. Daher hat sich unser Künstler bildnerisch selbstkasteit und sinnigerweise einen Kübel oranger Farbe zur Laterne gestellt, auf dass ein jeder wisse: frisch gestrichen!
Es war der erste Halt am Cortège, als ein Pfeifer, dem Drang folgend, hurtig ins nächste Wirtshaus einzukehren, sich seiner Larve entledigte. Wie üblich sucht man sich dazu ein Plätzchen möglichst nahe der «Lampe» – auf dass man sein Gesicht bestimmt wieder finde. Wie gerufen schien da dieser Blecheimer, und schwupps wurde die Larve darin versenkt.
Die volle Tragweite dieses Handelns wurde indes erst nach der Pause sichtbar, als das orange tropfende «Gesicht» gehoben wurde. Eben: frisch gestrichen!

107
Der Tonsäulenstabilisator

Es war der Tag, an dem der schmale Holzring, der zwischen dem Korken und dem Ende meines Piccolos liegt, zu Bruch gegangen war. Der Sitz des Kopfstücks war beeinträchtigt und weiterer Schaden sollte verhindert werden. Guter Rat war also gefragt, der Gang zu Erwin Oesch unumgänglich.
Da diese Art von Malheur durchaus nicht einmalig ist, war der «Fleetedoggter» nur mässig beeindruckt und hatte alsbald eine Lösung parat: Ein unscheinbares Messingringlein zierte von nun an das Instrument, auf dass das Holz nicht weiter reisse.
Da dies also nun keine Operation am offenen Herzen darstellte, kein Blut floss und sich der Eingriff auch finanziell im Rahmen hielt, konnte man damit also nicht gross auf sich aufmerksam machen. War damals die Meinung.
Bis wir in trauter Runde im Pfeiferzimmer beisammen sassen, gerade Pause machten und ich mein Instrument von allerlei Feuchtigkeit befreite, fragte der vis-à-vis sitzende Franz: «Was hesch denn du dert an dynere Fleete, hösch?» Ich war ob der Frage bass erstaunt und antwortete, ohne dabei viel zu überlegen «das ist ein Tonsäulenstabilisator». Natürlich war die Aufregung jetzt gross, und man musste allerlei physikalische Begriffe in die Runde werfen, um der Aussage einigen Nachdruck zu verleihen. Man diskutierte also die Grundlagen eines Holzblasinstrumentes, die Luftsäule, ein wenig aus der Schwingungslehre im Allgemeinen und die hervorragenden handwerklichen Kenntnisse der Firma Oesch im Speziellen.
Es ist übrigens nicht verbürgt, ob der liebe Franz bei Oesch auch einen Tonsäulenstabilisator bestellt hat. Tatsache ist jedenfalls, dass er kurz darauf die BMG verliess, und uns blieb nichts weiter erhalten als eine von 111 schönen BMG-Geschichten.

108
BMG goes 5th Avenue

Rund dreissig Stänzler, mit Säbeln und Gewehren, erobern im Jahre 2015 Amerika. In einem triumphalen Umzug, der Steuben-Parade, auf der 5th Avenue werden sie von der begeisterten New Yorker Bevölkerung empfangen, um sich am anschliessenden Oktoberfest im Central Park von ihren Strapazen zu erholen.

Nachdem die Swiss schon über Grönland keinen Alkohol mehr an Bord und unsere Lieblingszöllnerin Heidi die Immigration inklusiv Trommeln, Säbeln und Gewehren innert Sekunden erledigt hatte, zwei von uns das Hotel nie benutzt, andere aber schon dreimal das Zimmer gewechselt hatten, sechs Taxis uns für den Bürgermeisterempfang an sechs verschiedene Orte gefahren und die Pfeifer mit «z Basel» die anderen Metro-Gäste beglückt hatten, am Galadinner auf der Luxusjacht «Hornblower» die Steuben-Parade-Königin beinahe als «Bhaltis» mitgenommen worden war, durfte die mit Söldnern verstärkte BMG endlich zusammen mit dem Schweizer Generalkonsul André Schaller an der legendären Steuben-Parade auf der 5th Avenue mitmarschieren. Beim Anblick der Stänzler am Times Square kurz zuvor meinten zwei Damen zueinander: «Siehst du, so etwas gibt es nur in New York!»

109
Newark

Nach dem fantastischen Stänzlerauftritt an der Steuben-Parade in New York war die BMG auf den Heimweg. Leider fand am selben Tag in Manhattan ein grosser Protestmarsch statt, sodass unser Bus nicht eintraf. Als es für die Abreise schon fast knapp wurde, war es uns gelungen, sechs grosse SUV zu organisieren, um uns und das gesamte Material an den Flughafen zu bringen.

Nachdem wir das Verkehrschaos Manhattans hinter uns gelassen hatten und uns zu entspannen begannen, fragte plötzlich Daniel «Wie viele Flughäfen gibt es eigentlich in New York?». Er war nicht mit uns angereist und hatte sich gewundert, dass auf seinem Ticket Abflug 21 Uhr und nicht wie bei uns 20 Uhr stand. Ein Kontrollblick auf sein Ticket bestätigte seine Befürchtung, startete er nicht wie unser Flug ab dem John F. Kennedy Flughafen, sondern von Newark aus, am anderen Ende der Stadt. Unsere mexikanische Taxichauffeuse reagierte rasch und begann, auf Spanisch zu telefonieren. Dann fuhr sie von der Autobahn ab und schmiss Daniel und seine Partnerin an der nächsten Strassenecke aus dem Taxi. Einer ihrer Kollegen würde die beiden abholen und durch die Stadt nach Newark bringen. Etwas mulmig war uns schon, die beiden unter einer Autobahnbrücke ihrem Schicksal zu überlassen.

Es war für die beiden ein Erlebnis, praktisch alle Schleichwege durch New York in rasanter Fahrt kennenzulernen, doch das Wichtigste, es hat auf den Flug gereicht. Den dritten Flughafen La Guardia wollen die beiden das nächste Mal testen.

110
Es schneielet, es beielet – «Rumms!»

Was gibt es denn Schöneres, als mit Räppli um sich zu werfen? Vor ein paar Jahren haben ein paar Tambouren von uns, an einem Fasnachtsdienstag aus der Wohnung eines BMGlers im zweiten Stock des Restaurants Schnabel, mittels Standgebläse einen wahrhaft bezaubernden Räppliregen über den ganzen Rümelinsplatz veranstaltet – sehr zur Freude von Gross und Klein. Das war ja noch nichts, dachte sich einer unserer jüngeren, noch nicht ganz volljährigen Mitglieder und fragte zögerlich nach, ob wir das wiederholen könnten und vielleicht jemand den Spass mitfinanziert, denn für ihn als Schüler sei das finanziell nicht zu stemmen. Es gilt die Faustregel «Je grösser das Kind, desto grösser der Kindskopf, desto grösser die Menge Räppli». Der Zustupf flog ihm um die Ohren, und bei vier Zentner Räppli wurde ihm langsam bange und er stoppte die Aktion. Schliesslich musste er die Säcke selber in den zweiten Stock tragen. So ward es nun Fasnachtsdienstagabend, auf dem Rümelinsplatz herrschte ein friedliches und buntes Treiben, als die ersten Räppli, tänzelnd zu den Fasnächtsklängen, eine Wiederholung des Räppliregens von damals ankündigten. Wiederum sehr zur Freude der anwesenden Fasnächtler, die sich bereits in freudiger Erwartung des Spektakels unterhalb des Balkons beim Schnabel positionierten. «Rumms!» Das war kein Regen, geschweige denn Tanz, sondern eine regelrechte Räpplilawine, die sich über das Publikum ergoss und Bier, Trommeln und die kleinsten Beobachter wahrhaftig unter sich begrub. Zwar zum Ärger der grossen, aber sehr zur Freude der kleinen Fasnächtler, die seitdem jeden Fasnachtsdienstag um 18 Uhr auf eine Wiederholung vor dem Schnabel hoffen.

111
Die Terroristen

Zu ihrem 50-Jahr-Jubiläum wollten die BMG Runzle endlich wieder einmal ein politisches Sujet ausspielen, das zum Weltgeschehen klar Stellung nimmt. Gewählt wurde «Erdowaan», ein kritisches Sujet über den türkischen Staatspräsidenten Erdogan und seine Grossmachtambitionen. Die Laterne zeigte den Machthaber auf dem Halbmond sitzend. Bereits am Fasnachtsdienstag wurde das Bild in verschiedenen türkischen Tageszeitungen gezeigt, allerdings nicht im Zusammenhang mit der Basler Fasnacht. Vielmehr wurde behauptet, es hätten sich in Basel Personen verkleidet und sie hätten in einem Demonstrationszug gegen Erdogan protestiert. Der türkische Staatspräsident persönlich beschwerte sich darauf in jenen Medien über diese Terroristen in Basel, welche die Demokratie mit Füssen treten würden.

An ihrem Bummelsonntag erhielt die BMG den Besuch einer kurdischstämmigen Basler Nationalrätin, welche diese Artikel aus den türkischen Zeitungen mitbrachte. Tags darauf erschien ein Bild von ihr am Bummelsonntag mit dem Hinweis, sie habe sich mit kurdischen PKK-Kämpfern getroffen. Ein Journalist der Basler Zeitung bekam den Besuch zu Ohren und recherchierte in der Sache. Kurz darauf erschien ein entsprechender Artikel über die «Terroristen der Basler Fasnacht», der natürlich von zahlreichen Schweizer Medien aufgenommen wurde.

Mit einer solchen Resonanz hatte die BMG wohl nicht gerechnet, aber alle waren auch ein bisschen stolz, mit einem Sujet einen Staatspräsidenten herausgefordert zu haben.

Nachwort

Das Buch verfolgt zwar in erster Linie den Unterhaltungszweck, hat für die Basler Mittwoch-Gesellschaft 1907 aber auch einen emotionalen und historischen Wert. Die vielen Erzählungen spiegeln ein Stück Basler Zeitgeschichte wider, laufen aber wegen ihrer mündlichen Überlieferung Gefahr, für immer in Vergessenheit zu geraten. Protokolle, Jahresberichte und Zeitungsdokumente sind zwar wichtige historische Quellen, geben aber selten bis nie Einblick in die Seele einer Gesellschaft. Die gesammelten Geschichten wurden im Laufe der Jahre bestimmt an manchen Stellen beschönigt oder ausgeschmückt, trotzdem sind sie ein wichtiges kulturelles Erbe der ältesten Basler Männerclique.
Ein solches Buchprojekt ist natürlich nicht ohne die grossartige Unterstützung von aktuellen und ehemaligen Mitgliedern, Sponsoren, einem Verlag und dem ausserordentlichen Engagement einzelner Mitglieder möglich. Ganze drei Jahre Arbeit hat die Idee bis zur Realisierung gebraucht. In den drei Jahren sind unzählige Ideen für Geschichten bei uns eingegangen, nicht alle waren gleichermassen tauglich und unterhaltsam für ein Buchprojekt, viele davon mussten redigiert oder gar fallengelassen werden.
Bedanken möchten wir uns insbesondere für ihren grossen Einsatz bei:
Alain Grimm, Hans Mathys, Hans-Peter Meyer, Dominique Mollet, Felix Ravy, Tommy Wehrli und Niklaus Weiss für ihre Mitarbeit im Projektteam.
Roger Bitterli, Dieter Bleifuss, Ian Butterworth, Mathis Eggenberger, Werner Gallusser, Peter Goelz, Alain Grimm, Dietegen Guggenbühl, Fritz Hirt, Max Inderbitzin, Markus Kern, Hans Mathys, Hans-Peter Meyer, Dominique Mollet, Günter Pfeffer, Fredy Prack, Max Richard, Philippe Salvisberg, Fritz Schütz, Tommy Wehrli, Niklaus Weiss und

Erwin Zollinger als Lieferanten und Schreiber von Ideen und Geschichten.
Fredy Prack für den Buchumschlag sowie die Buchgestaltung.
Domo Löw, Dario Natali, Fredy Prack und Philippe Reinau für ihre Illustrationen im Buch.
Lotteriefonds Basel-Stadt, Basler Kantonalbank, Basellandschaftliche Kantonalbank, EBM, Etavis Kriegel + Schaffner AG, Lamprecht Pharma Logistics AG, Christof Fischer Kälte-Klima AG, Manor AG, Peter Stalder Immobilien AG, Schreinerei Ringli AG, Paul Haffner, Jörg Lang und Felix Ravy für ihre finanzielle Unterstützung.
Dem Friedrich Reinhardt Verlag für die angenehme sowie professionelle Zusammenarbeit und Umsetzung des Buchprojektes.
Allen Mitgliedern der Basler Mittwoch-Gesellschaft 1907, die das Projekt ideell mitgetragen und unterstützt sowie mit einem namhaften Betrag aus der Vereinskasse den Anschub ermöglicht haben.

Basler Mittwoch-Gesellschaft 1907
Basel, im Sommer 2018

Illustrationen

Domo Löw   Seite 17
Domo Löw   Seite 33
Fredy Prack   Seite 53
Philippe Reinau Seite 61
Philippe Reinau Seite 79
Fredy Prack   Seite 93
Dario Natali   Seite 113
Dario Natali   Seite 137

Impressum

Alle Rechte vorbehalten
© 2018 Friedrich Reinhardt Verlag, Basel

Projektleitung: Stephan Rüdisühli
Gestaltung: Fredy Prack
ISBN 978-3-7245-2304-8

www.reinhardt.ch

Basler Mittwoch-Gesellschaft 1907
www.bmg.bs